DÉFICIT ATENCIONAL

Mabel Condemarín • María Elena Gorostegui • Neva Milicic

Déficit atencional

Estrategias para el diagnóstico y la intervención psicoeducativa

Ariel

© 2004, Mabel Condemarín, María Elena Gorostegui, Neva Milicic

© 2004, Editorial Planeta Chilena S.A.
Avda. 11 de Septiembre 2353, piso 16. Providencia, Santiago, Chile.

1ª edición: noviembre 2004
2ª edición: febrero 2005

Diseño de portada: Peter Tjebbes
Diagramación: Antonio Leiva
Ilustraciones Interiores: Martita Carrasco

Inscripción Nº 143.973
ISBN 956-247-367-8

Impreso en: Quebecor World Chile S.A.

A nuestra inolvidable y sabia amiga Mabel, quien sigue presente en nuestras vidas en forma cotidiana a través del recuerdo, de sus enseñanzas y modelo de vida.

AGRADECIMIENTOS

Quisiéramos agradecer la desinteresada cooperación de Sylvia Caviedes, quien realizó una minuciosa revisión bibliográfica y el índice de autores.

También, en lo personal, damos las gracias a Luz Pacheco por su presión, estímulo, compañía y aliento para terminar el libro.

Y, finalmente, un sincero agradecimiento a quienes supieron acompañarnos en los momentos precisos, durante los difíciles días que siguieron a la partida de Mabel Condemarín, la más central de las coautoras de este libro.

Presentación

Este libro fue terminado como un homenaje a la memoria de Mabel Condemarín. Es su obra póstuma.

Escribir la introducción fue siempre la etapa final, de los muchos libros que escribimos juntas, y ciertamente era una fecha para celebrar el haber puesto punto final a la tarea. Ello implicaba dejarnos tiempo para compartir aspectos más personales de nuestra relación, que estaban llenos de esa complicidad que caracteriza las relaciones importantes y verdaderas. La ausencia de Mabel en este momento se hace insoportablemente real. Esta vez no hemos podido celebrar el término de lo que es parte de su último esfuerzo por estar junto a uno de los grupos de niños más vulnerables dentro del sistema educativo.

Este libro representaba para Mabel un intento de sintetizar lo que habíamos aprendido y vivido en nuestro trabajo cotidiano con los niños con déficit atencional. Fue un proyecto muchas veces postergado y que quizá se empezó a gestar en la década del setenta, cuando comenzamos a trabajar juntas en el hospital Luis Calvo Mackenna. Siempre lo posponíamos por cosas más urgentes pero no más importantes, porque sabíamos que era una empresa que requería de muchísimo tiempo. El tema ocupó durante años un espacio significativo de nuestros intercambios bibliográficos, de nuestras conversaciones, lecturas y espacios de reflexión.

Terminarlo era para mí un compromiso con Mabel. Ella insistió, con esa mezcla de fuerza y tozudez que la caracterizaba –casi cotidianamente en los pocos días que duró su enfermedad–, que era mi responsabilidad concluir lo iniciado. Terminar lo comenzado era una de sus características más notables. Pero su autoexigencia no estaba sólo en su capacidad para terminar lo que empezaba, sino terminarlo bien, con rigor y con pasión. Esta promesa hecha –no pude cumplirla sola– entendí que era una empresa interminable y que no tenía las energías necesarias para lograrlo, y me puse a pensar con quién hubiese querido Mabel finalizar este libro si la situación hubiera sido inversa, y de inmediato me surgió la imagen de María Elena Gorostegui, quien tiene varias publicaciones sobre el tema y a la que Mabel distinguía como una de sus discípulas más queridas. No me equivoqué. María Elena asumió la tarea con pasión y con la idea de que este libro fuera un homenaje a la memoria de nuestra común amiga, trabajando con una dedicación y energía contagiosa. Le doy las gracias por haber aceptado el desafío y por el apoyo emocional que me brindó.

Quisiera recoger lo que fueron las preguntas con las que partió este libro hace más de tres años, cuando nos decidimos a trabajar sistemáticamente en él.

¿En qué situación se encuentran actualmente las investigaciones en relación al déficit atencional?

¿Cómo se podría ayudar efectivamente a los padres, a los profesores y, especialmente, a los niños a enfrentar las dificultades?

¿Cómo hacer para que los niños no sean simplemente etiquetados, sino que sean asumidos como un desafío del sistema escolar?

¿Qué nos hubiera gustado saber cuando empezamos a trabajar con niños que presentaban déficit atencional?

La publicación de este libro está acompañada de una gran ambivalencia. Por una parte, estoy cumpliendo la promesa hecha a Mabel de terminar el libro iniciado hace tres años; en ese sentido, es cumplir con lo prometido. Por otra parte, es el último libro que escribimos juntas y, a veces, quisiera haberlo retenido y transformado en una tarea interminable, como una forma de prolongar un vínculo que fue para mí uno de esos maravillosos y gratuitos regalos que de vez en cuando nos depara la vida.

Quisiera agradecer a Felipe Alliende, compañero de tantos sábados robados al descanso para trabajar, su paciencia infinita y su ayuda invalorable en las dudas semánticas y gramaticales.

A sus hijos, Claudia, Felipito, Mabelita y Ximenita, que nos miraron trabajar con una mezcla de sorpresa y resignación, por una mamá y una tía que quizás hubieran querido más disponibles para ellos. Quisiera pedirles perdón por el tiempo que les quitamos, aunque estoy segura que ellos saben, igual que mis hijos, mis nueras, yernos y nietas, cómo y cuánto los queremos.

Poner punto final es de algún modo el rito de cierre que termina con las últimas palabras de este prólogo, las que pediré prestadas a Violeta Parra:

Gracias a la vida, que me dio una amiga como Mabel.

Neva Milicic

Considero un inmerecido privilegio el haber sido invitada por Neva Milicic a participar en la finalización de este libro que Mabel dejó inconcluso, pero en el que están presentes su espíritu, sus ideas, su infatigable preocupación por los niños y su deseo de poner sus conocimientos al servicio de quienes más lo necesitan.

Fui su alumna, conocí su vocación docente, su experticia y profundo conocimiento de los temas que abordaba en clases. Sus libros han sido guías indiscutibles del quehacer de generaciones de profesores. Sus investigaciones, uno de los grandes aportes al pensamiento pedagógico y metodológico de los últimos años.

Fui testigo y compartí los momentos en que decide dejar las aulas universitarias, para dedicarse generosamente al servicio público. Aplaudimos sus éxitos y sus logros a medida que avanzaba hacia la meta que se fijó. "Tengo que dar todo lo que sé en favor de los niños y de la educación, ya no desde la sala de clases, sino desde un lugar donde pueda llegar a muchos profesores y, a través de ellos, a muchos niños; siento que ha llegado el momento de entregar lo que he recibido", fue la forma en que nos explicó, a sus alumnas de entonces, su decisión de no continuar haciendo clases.

La publicación de este libro, en el que ella trabajaba y que quedó inconcluso, es un homenaje póstumo a su memoria.

Una vez más, gracias, Mabel.

María Elena Gorostegui

Introducción

El déficit atencional con hiperactividad (SDA/H) constituye uno de los trastornos del desarrollo más importantes dentro de los problemas que afectan a los niños en sus relaciones con su entorno familiar, escolar y social. Como una manera de contribuir con padres, profesores, psicopedagogos y, en general, con quienes se preocupan de las dificultades del desarrollo infantil, este libro se propone definir el síndrome, describir sus características, revisar los aportes de la investigación, evaluación, diagnósticos diferenciales, aspectos etiológicos, problemas asociados y establecer su prevalencia, curso y pronóstico. Adicionalmente, se sugieren estrategias de manejo a nivel individual, familiar y escolar.

Es frecuente escuchar a padres y educadores referirse a sus hijos y alumnos con SDA/H no solamente como inquietos y distraídos (lo que constituye una característica común a muchos niños, pero que en su caso es diferente en cantidad, frecuencia e intensidad), sino que las quejas de los adultos se refieren a que parecen estar en continuo movimiento, como un motorcito que funcionara sin cesar, como en la Luna, como si no escucharan cuando se les habla, hablan demasiado, interrumpen a los otros, pierden sus útiles escolares, comienzan muchas cosas y no las terminan, toleran mal las frustraciones, son impulsivos, peleadores, no respetan normas, desafían los límites, etc.

Todo lo anterior conforma un patrón característico de dificultades persistentes para concentrarse en la tarea y rasgos impulsivos que se manifiestan en los contextos familiares y/o escolares, al que actualmente se denomina como *trastorno por déficit de atención y comportamiento perturbador.* Sus manifestaciones varían según la edad del niño y sus secuelas pueden permanecer hasta la etapa adulta.

Aunque también son características propias, se trata de niños creativos, afectuosos, espontáneos, dispuestos a colaborar y a ayudar si se les pide, buenos compañeros. Sin embargo, esas características se desdibujan y pasan inadvertidas muchas veces bajo el peso de las conductas más disruptivas, que son con las que, en definitiva, se etiqueta al niño.

Las dificultades, tanto para diagnosticar como para tratar al niño SDA/H, derivan, entre otras, de la gran cantidad de síntomas que se asocian al síndrome, de las complicaciones que se derivan del mal manejo, las dificultades para lograr acuerdos sobre cuáles son los cursos psicoterapéuticos o farmacológicos más adecuados y para compatibilizar los distintos enfoques desde las diferentes disciplinas que se ocupan del tema. Incluso hay diferencias en la comprensión y definición misma, que oscilan entre considerarlo una enfermedad o sólo una singularidad en la conducta del niño que no lo hace diferente de cualquier otro.

La perspectiva de la diferencia dentro de la normalidad asume que algunos niños van a requerir del uso de alternativas distintas para alcanzar los mismos objetivos. Este libro se sitúa en la búsqueda de estas formas alternativas para que los niños SDA/H logren sus fines, se adapten mejor y aporten a la sociedad, sean mejor comprendidos y, finalmente, sean más felices.

I. Enfoques teóricos

1. Algunas definiciones

La literatura ofrece gran variedad de definiciones que intentan atrapar la esencia del síndrome de déficit atencional con hiperactividad. Cada definición teórica representa una línea de estudio y una concepción sobre el cuadro que determina distintas formas de evaluación, intervención y tratamiento. La definición con que se trabaje no es un tema irrelevante, ya que determinará si un niño será o no considerado como portador del cuadro, así como la forma en que se le debe tratar y el tipo de intervención que se considerará más adecuado.

Aunque hay algunos acuerdos en las definiciones, todas ellas enfatizan diferentes aspectos, agregan o desechan características, restringiendo o ampliando su significado. Las diferentes definiciones apuntan a lo que consideran características y sintomatología propias del cuadro, su origen y pronóstico, y tienen bastante importancia a la hora de realizar diagnósticos diferenciales. Las diferentes definiciones, muchas veces no son excluyentes. Sucede que se focalizan en distintos aspectos del síndrome, lo que impide comprender el fenómeno en su totalidad. Al centrarse en un aspecto del cuadro, se corre el riesgo de desestimar otro. Por ejemplo, si se centra la discusión en la hiperactividad, se dejan fuera muchos casos de SDA que no presentan hiperactividad como una conducta relevante. Sin embargo, por el camino de descripciones y definiciones más o menos parciales, se ha logrado definir el cuadro en forma bastante completa.

1.1. *Antecedentes*

En 1902, George Frederick Still, en una serie de conferencias dictadas en el Real Colegio de Medicina de Londres, habla de un *defec-*

to de la conducta moral: niños de temperamento violento, desenfre-
nadamente revoltosos, perversos, destructivos, que no responden a
castigos, inquietos, molestosos, incapaces de mantener la atención y
problemáticos escolares. Still hipotetiza que esta condición no se debe a mala crianza o *perversidad* del niño, sino más bien postula que
existiría una herencia biológica o daño en el parto.

A partir de ese momento, el cuadro comienza a tener importancia
entre los trastornos del desarrollo en la infancia. El déficit atencional
y la hiperactividad son las características más sobresalientes del síndrome y las que lo definen, aun cuando son muchas más las que pueden estar asociadas al cuadro

El tema de la lesión neurológica perinatal, propuesto por Still a
principios del siglo XX, persiste en los años treinta y cuarenta como
daño cerebral. En la medida en que demostrar el *daño* no fue posible,
se comienza a hablar de *disfunción cerebral.* Aparecen las anfetaminas como una forma exitosa de controlar la hiperactividad y se comienza a denominar el cuadro como disfunción cerebral *mínima,* como una forma de hacer menos duro el término, pero que no agrega
mucho a la definición.

A partir de la década de los sesenta comienzan a aparecer múltiples definiciones en la literatura:

Año	Fuente	Denominación/Características
1968	DSM II	Reacción hipercinética.
1978	CIE 9	Síndrome hipercinético.
1980	DSM III	Trastorno de déficit de atención con y sin hiperactividad. Aparece la *inatención* como característica, junto a la hiperactividad.
1987	DSM III-R	Trastorno de déficit de atención con hiperactividad.
1992	CIE 10	Trastornos hipercinéticos.
1994	DSM IV	Trastorno por déficit de atención con hiperactividad: tipo inatento, hiperactivo, impulsivo y combinado. Distingue subtipos.

En el DSM IV (APA, 1994) es definido como un patrón persistente
de hiperactividad/impulsividad, más frecuente y severo de lo habitualmente observado en individuos de un nivel de desarrollo comparable.

Agrupa a niños con inteligencia normal. Destaca como característica una desviación significativa de la norma en tres síntomas cardinales: inatención, impulsividad e hiperactividad, que llevan a dificultades permanentes y de inicio temprano, en su adaptación social y/o rendimiento, en relación a su edad de desarrollo.

En estas definiciones hay un énfasis claro en que la hiperactividad debe ser evaluada en relación a la edad de desarrollo del niño: lo que es normal en términos de cantidad y calidad de la actividad a los tres años, pasa a ser anormal a los ocho.

Independientemente del CIE 10 en Europa y del DSM IV en América, que marcan líneas importantes de investigación, hay otros autores que, a partir de la década de los ochenta, también aportan a la literatura científica sobre el tema:

"Patrón persistente de excesiva actividad frente a situaciones que requieren de una ejecución motora restringida. Las conductas que genera no parecen estar orientadas hacia una meta y el conjunto de acciones son atípicas, en cuanto a calidad y cantidad, en relación a lo esperado para la edad" (Kernberg, 1980). Esta definición destaca la actividad excesiva en situaciones que no la requieren, además de la falta de dirección, al menos para el que observa, que presenta la conducta del niño. El déficit atencional no aparece como tema de estudio dentro del cuadro, al menos para este autor.

Russell Barkley publica en 1982 un libro clásico en la materia, al que denomina simplemente *Trastorno por déficit atencional con hiperactividad*. En el texto se refiere al cuadro como una deficiencia respecto a la edad de atención, control de impulsos y gobierno de la conducta. "Alteración del desarrollo de la atención, la impulsividad y la conducta gobernada por reglas (obediencia, autocontrol y resolución de problemas) que se inicia en los primeros años del desarrollo. Es significativamente crónica y permanente y no se puede atribuir a retraso mental, déficit neurológico mayor o a otras alteraciones emocionales más severas, como por ejemplo la psicosis o el autismo" (Barkley, 1982).

Esta definición subraya la condición de cronicidad del cuadro, condición que en la actualidad casi no se discute. Anteriormente había cierto acuerdo en que el síndrome se circunscribía a la niñez y se esperaba que alrededor de la pubertad y la adolescencia, los síntomas debían desaparecer. Para este autor, el déficit de atención aparece en la definición del cuadro.

"Déficit biológico en la persistencia del esfuerzo, la inhibición y la motivación" (Russell, 1993). Esta definición apunta a aspectos diferentes de la falta de atención y concentración y del exceso de actividad, y destaca la dificultad para persistir en el esfuerzo, así como para inhibir los impulsos y tener motivación, lo que daría cuenta de la conducta desorganizada, errática y falta de propósito definido que exhiben los niños con SDA.

"Trastorno primario del desarrollo que involucra uno o más de los procesos cognitivos relacionados con orientar, focalizar o mantener la atención, que se asocia a impulsividad y dificultad para atenerse a normas regulatorias de la conducta". Estas características serían más predominantes que la excesiva movilidad que a menudo preocupa a los adultos. De acuerdo a esta definición, el cuadro se asocia con frecuencia a problemas de motivación (Harris y Hodges, 1995). Los autores se refieren al impacto del síndrome en un proceso cognitivo central en el aprendizaje, como lo es la capacidad de orientar, focalizar y mantener la atención. A ello se agrega la dificultad de respetar normas y los problemas de motivación, lo que constituye sin duda un inconveniente que afecta significativamente al desempeño escolar.

"Alteración del desarrollo caracterizada por falta de concentración, impulsividad e hiperactividad, asociada con problemas del aprendizaje y anomalías conductuales" (Cortés, 1998). Esta definición es coincidente con la anterior, en el sentido de enfatizar el impacto en el aprendizaje y en el comportamiento.

"Trastorno del comportamiento que presentan tanto niños como adultos, con manifestaciones diferentes según la edad y la educación recibida" (García-Pérez y Magaz-Lago, 2000). Para estos autores, el trastorno implica, primordialmente, una dificultad generalizada en el espacio y el tiempo (ocurre en cualquier lugar y todos los días) para mantener y regular la atención, y una actividad motora excesiva (hipercinesia o hiperactividad). Secundariamente, se manifiesta en forma de un notable déficit de reflexividad que hace que los afectados actúen con impulsividad y sin detenerse a analizar sus acciones. En general, se muestran ante los demás como individuos con escaso autocontrol, que se dejan llevar por sus necesidades inmediatas o por sus emociones: ira, tristeza, alegría, ansiedad, deseos...

De acuerdo con estos autores, el trastorno afecta a adultos y a niños, pero con diferentes manifestaciones de acuerdo a la edad y la educación recibida. Es probable que el hecho de que los adultos presentaran conductas obviamente diferentes a las de los niños hubiera escondido por mucho tiempo la existencia del síndrome más allá de la adolescencia. Cabe destacar que se incluyen en la definición aspectos emocionales, en especial las dificultades de control emocional, que no aparecen en otras definiciones y que, sin duda, constituyen un tema de interés.

Pese a que el trastorno de déficit atencional con hiperactividad cuenta con una larga historia de estudios empíricos y numerosas líneas de investigación sobre el tema, aún no existe consenso entre los especialistas sobre los términos más adecuados para su definición teórica. En cambio, sí parece existir un acuerdo generalizado para describir cómo es el comportamiento de estos niños. La mayoría de los investigadores coinciden en que éste se caracteriza por un patrón persistente de falta de atención y/o hiperactividad e impulsividad, cuya frecuencia y severidad es mayor de lo típicamente observado en individuos con un nivel comparable de desarrollo. Estos niños están en mayor riesgo de presentar problemas de conducta, depresión, problemas de aprendizaje, deserción escolar y otros problemas psicológicos que otros niños de su edad (Arango y Jiménez, 2000).

Jongsma, Peterson y McInnis (2000) definen el síndrome sobre la base de los siguientes referentes conductuales, que resumen los aportes de varios investigadores y sobre los cuales hay bastante coincidencia:

• Corto tiempo de atención y dificultad para mantenerla sobre bases consistentes.
• Susceptibilidad para distraerse frente a estímulos externos.
• Impresión de no escuchar bien.
• Fallas repetidas en seguir las instrucciones o en completar las tareas escolares.
• Escasa capacidad de organización: olvidos, falta de atención a los detalles y pérdida de cosas necesarias para realizar la tarea.

- Hiperactividad, evidenciada en alto nivel de energía, dificultad para descansar, estar sentados y por una verbalización excesiva y en tono de voz muy fuerte.
- Impulsividad, manifestada en dificultad para esperar en situaciones de grupo, interrumpen con respuestas antes de que las preguntas o instrucciones hayan sido completadas y realizan frecuentes intromisiones personales en los asuntos de los otros.
- Conductas disruptivas o agresivas.
- Tendencia a realizar actividades potencialmente peligrosas o a ser poco cuidadosos en situaciones de riesgo.
- Dificultad para aceptar la responsabilidad por sus acciones, proyectando la culpa en otros, y también para aprender a través de la experiencia.
- Baja autoestima y falta de habilidades sociales.

Para finalizar, Förster y Fernández (2003) proponen una definición que integra varias perspectivas teóricas para entender y describir el síndrome: neurológica, psicológica, psicopedagógica y escolar. Definen el SDA/H como un síndrome conductual crónico con un sustrato biológico muy importante, pero no unicausal, con una fuerte base genética, y formado por un grupo heterogéneo de niños. Incluye a pequeños con inteligencia normal, o muy cercana a lo normal, que presentan dificultades significativas para adecuar su conducta y/o aprendizaje a la norma esperada para su edad.

En su definición ponen el acento en los aspectos conductuales del síndrome (en la medida que se ve afectada su conducta y la calidad de su aprendizaje escolar), en la *cronicidad* (ya no se sostiene la idea de que el cuadro desaparecería a medida que el niño madura), en la multicausalidad, en los componentes genéticos y en la heterogeneidad de los niños que presentan el cuadro.

Los síntomas cardinales de este síndrome son una combinación de inatención, impulsividad e hiperactividad, que están presentes tempranamente en la vida del niño, pero que se hacen más evidentes en la edad escolar. Estos síntomas afectan el aprendizaje, la conducta, la autoestima, las habilidades sociales y el funcionamiento familiar. Este trastorno determina una alta vulnerabilidad psicológica del paciente y es causado por retrasos maduracionales o disfunciones permanentes que alteran el control cerebral superior de la conducta. La hiperactividad es un poderoso predictor de disfunción social futura, pero no existe ningún test objetivo para diagnosticarla (Förster y Fernández, 2003).

2. Subtipos del síndrome

Las diferencias interpersonales, evolutivas e incluso culturales en cuanto a la forma de manifestarse los diferentes síntomas dificultan en gran manera una definición única y general del cuadro, y hacen que muchas líneas de investigación no lo consideren como un trastorno único y que prefieran describir diferentes subtipos y factores asociados.

El DSM III (APA, 1980) diferencia el déficit atencional con hiperactividad del déficit atencional sin hiperactividad, y caracteriza al primero (el más frecuente) por falta de atención, impulsividad, hiperactividad y conducta socialmente perturbadora. En cambio, el segundo lo caracteriza principalmente por un déficit primario en la atención.

Posteriormente, la clasificación propuesta por el DSM IV (APA, 1994) distingue tres subtipos dentro del síndrome:
• Desorden de déficit atencional e hiperactividad combinados.
• Desorden de déficit atencional e hiperactividad predominantemente atencional.
• Desorden de déficit atencional e hiperactividad con predominio de hiperactividad e impulsividad.

En la misma línea, X. Keith (1998) describe la existencia de dos subtipos dentro del síndrome de déficit atencional con hiperactividad: un subtipo conductual que, en su forma severa, es similar a los trastornos de conducta, y un subgrupo cognitivo que afectaría al procesamiento de la información y que, por ende, produciría trastornos del aprendizaje.

La revisión efectuada por Barkley (1997, 1998) sobre los subtipos del síndrome plantea que la conceptualización que tiende a ser mayoritariamente válida es aquella que describe el cuadro sobre la base de tres síntomas principales que dan origen a otros tantos subtipos clínicos: uno en que predominan las dificultades en la atención, otro en que prevalecen la impulsividad y la hiperactividad, y el tercero que combina los dos anteriores. Es decir, la propuesta actual del DSM IV contaría con importante consenso en la literatura especializada.

De acuerdo a esto, las personas en las que la falta de atención resulta manifiesta tienen dificultad para atender a los detalles, olvidan o cometen errores torpes en los deberes de la escuela, trabajo y otras actividades (incluso actividades recreativas), parecen no escuchar aunque se les hable directamente, no se organizan y, naturalmente, fracasan en tareas que exigen esfuerzo mental sostenido, etc.

Las personas en las que predomina el aspecto hiperactivo-impulsivo, frecuentemente:
– juguetean con las manos o los pies, no se quedan quietas en su asiento,
– pueden mostrarse verborreicas (en una especie de hiperactividad verbal),
– interrumpen el discurso de los otros, les cuesta esperar su turno.

A las tradicionales definiciones de la hiperactividad en sus manifestaciones motoras, muy típicas en los niños, aquí se agrega la hiperactividad verbal, que constituye un aspecto muy característico de los adultos que presentan secuelas del síndrome.

En relación a la impulsividad, Buela-Casal, Carretero-Dios y De los Santos-Roig (2002) la definen como una respuesta ante las situaciones marcadas por la ambigüedad que se refleja en problemas de inhibición de la primera respuesta y en el enfrentamiento de aspectos interpersonales. Indudablemente, las conductas impulsivas interfieren significativamente las relaciones interpersonales.

El síndrome de tipo combinado presenta, simultáneamente, síntomas de déficit de atención y de hiperactividad/impulsividad. E. A. Taylor (1991) selecciona los siete ítems que corresponden con mayor exactitud a los síntomas claves del síndrome combinado: nerviosismo, inquietud, sobreactividad, labilidad atencional, falta de persistencia en la tarea, impulsividad y excitabilidad, impaciencia y baja tolerancia a la frustración

F. Pinto (1998) sintetiza diferentes definiciones y plantea que los elementos claves son la desatención, la hiperactividad y la impulsividad. Los pacientes con déficit atencional se distraen con facilidad ante el menor estímulo, interrumpiendo continuamente sus actividades. En ellos, la hiperactividad se manifiesta como inquietud motora, pero también intelectual y verbal. La impulsividad se evidencia por respuestas aceleradas, dificultad para autocontrolarse, autorregularse, seguir instrucciones en forma secuenciada y pausada, y para anticipar las consecuencias de sus actos.

En la actualidad se discute la existencia en forma *independiente* del síndrome de déficit de atención con hiperactividad y del síndrome de déficit de atención sin hiperactividad, con una gran cantidad de estudios que intentan reunir evidencias a favor de la existencia de dos cuadros independientes, o sólo de un cuadro global con diferentes subtipos (Keith, 1998; Szatmari, Offord y Boyle, 1989; Taylor, 1998).

2.1. *Trastorno de déficit de atención sin hiperactividad*

La investigación centrada en los déficits atencionales del síndrome es considerablemente escasa si se la compara con los estudios centrados en la hiperactividad. Esto se explica por las dificultades metodológicas inherentes a la forma de evaluar la atención, separada de otras variables, tales como las características de la tarea, capacidad intelectual del niño, motivación, familiaridad con los estímulos presentados, etc. (Gorostegui, 1997).

Muchas veces, el desempeño de un niño en diferentes situaciones experimentales destinadas a evaluar atención difiere notablemente dependiendo de factores situacionales (como, por ejemplo, ausencia o presencia del evaluador) y otros.

Todavía no hay claridad de que se trate de una falta o disminución de la atención, o si se trata de diferencias cualitativas en la forma como funcionan los procesos atencionales. Hay estudios que comprueban que los niños con SDA predominantemente atencional no tendrían *menos* atención que sus pares normales, sino que dirigen y focalizan su atención en forma diferente. Se trataría, por lo tanto, de una disfunción caracterizada por dificultad por mantener la atención en forma continuada, así como para distinguir los estímulos relevantes de los irrelevantes y para registrar y recuperar la información por un procesamiento más superficial de los datos en la memoria de corto plazo (Schachar y Logan, 1990).

Al respecto, Taylor (1991) plantea que, desde la perspectiva clínica, hay bastante acuerdo en que la atención de los niños hiperactivos aparece como caótica, no focalizada, impersistente y lábil. Sin embargo, los resultados de las investigaciones empíricas muestran menos puntos de acuerdo en relación al tema.

Una discusión que se presenta regularmente dentro de las investigaciones en esta área es si los problemas de atención son diferentes si van acompañados de hiperactividad o no. En este sentido, Lahey, Schaughency, Frame y Strauss (1985) compararon una muestra de niños de 2º a 5º grado, clasificados por el maestro como escolares con problemas de atención con hiperactividad, con 20 estudiantes de la misma edad y grado escolar con idéntica problemática pero no hiperactivos, y un grupo control. Los resultados sugieren que los niños con problemas de atención, ya sea con hiperactividad o sin ella, exhiben déficits en la atención muy similares, aunque con diferentes grados de intensidad.

Es especialmente discutible el tema de si los distractores ambientales afectan o no a la conducta hiperactiva. Por ejemplo, D. M. Doleys (1976) plantea que los elementos distractores ambientales, ya sean visuales o auditivos, no tendrían un efecto perjudicial sobre el desempeño, y que algunas veces, incluso, ayudarían a realizar el procesamiento de los estímulos centrales. Es probable que la presencia de estímulos irrelevantes en los niños pequeños pueda perjudicar su aprendizaje, mientras que los más mayores desarrollan una superior resistencia al efecto de los distractores.

Era una propuesta común en la literatura que los ambientes deprivados de estimulación ayudaban a que los niños se concentraran en una tarea en mejor forma y por lapsos de tiempo más prolongados. Sin embargo, se ha comprobado que en situaciones experimentales, niños con problemas de atención y concentración rinden mejor en entornos ricos en estímulos ambientales que sus pares que no tienen este problema (Gorostegui, 1997).

Las dificultades para diferenciar las conductas que responden a la hiperactividad y aquellas que corresponden a deficiencias en la atención aún persisten. Los resultados de una investigación realizada a partir de los reportes de 931 maestros de educación básica, que evaluaron a niños de entre 5 y 14 años de edad, no aportaron claridad con relación al tema, ya que los profesores encuestados no lograron diferenciar uno y otro trastorno a partir de las conductas que se suponían características de uno y otro cuadro, debido a que los síntomas se sobreponían. En esta investigación se utilizó una escala elaborada a partir del DSM III-R, que clasificaba las conductas en déficit de la atención con hiperactividad, conducta desafiante y desórdenes de conducta (Pelham, Gnagy, Greenslade y Milich, 1992).

II. Etiología, prevalencia, curso y pronóstico

1. Etiología

Llama la atención la gran cantidad de hipótesis etiológicas que coexisten en la literatura, sin que ninguna de ellas sea satisfactoria en todos los casos: genéticas, traumáticas, infecciosas, tóxicas, perinatales, familiares, culturales, por nombrar sólo las más importantes.

Sin embargo, hay bastante consenso en bases neurobiológicas en que interactúan factores heredados, alteraciones neuroanatómicas y disfunción de sistemas de neurotransmisión, sobre los que finalmente influirían factores psicosociales. Aun así, en la actualidad no está definido un precursor biológico específico en interacción con el ambiente para la expresión fenotípica del cuadro.

Los conocimientos actuales en relación a este síndrome no permiten establecer una etiología precisa, aun cuando las investigaciones y los avances tecnológicos apuntan a la existencia de una probable base biológica, en la cual estarían influyendo factores heredados, así como otros ambientales y sociales (Colombo, 1998).

Hay numerosos planteamientos que afirman que el SDA/H es un trastorno con base biológica. Se ha utilizado la tomografía de emisiones tipo positrón (PET Scan, por sus siglas en inglés), observando que hay una disminución importante en la actividad metabólica en las regiones cerebrales que controlan la atención y el juicio en situaciones sociales y el movimiento en personas con SDA/H, en comparación con la actividad metabólica de los que no presentan el trastorno. Los estudios biológicos también sugieren que los niños con SDA/H suelen tener niveles más bajos del neurotransmisor dopamina en regiones críticas del cerebro (Cowdry, 1999).

Otras teorías sugieren que el tabaco, el alcohol y los fármacos utilizados durante el embarazo o la exposición a las toxinas en el medio ambiente, el plomo por ejemplo, pueden causar el síndrome. Los estudios también apuntan hacia una base genética para el trastorno de déficit atencional (TDA/H), dado que éste tiene una clara incidencia familiar.

Si bien las primeras teorías señalaban que el TDA/H podría ser causado por un pequeño trauma encefálico o daño cerebral debido a alguna infección o complicación durante el parto, se ha comprobado en estudios que esta hipótesis no tiene pruebas suficientes que la apoyen. Los estudios científicos tampoco han verificado que factores en la dieta influyan en la aparición de TDA/H.

Entre las muchas causas que se presentan como posible etiología de TDA/H están los factores hereditarios, la presencia de alteraciones pre, peri y postnatales, el consumo de aditivos en los alimentos, el azúcar refinada, factores psicosociales, alteraciones neuroanatómicas o neurofisiológicas. Sin embargo, no hay datos concluyentes que indiquen que cualquiera de estos elementos por separado pudiera ser el responsable último del trastorno.

1.1. *Factores genéticos*

Desde esta perspectiva se privilegia la importancia de la transmisión genética del síndrome.

Numerosas investigaciones han tratado de establecer un factor genético como responsable de la aparición del trastorno. J. Biederman et al. (1990) estimaron que aproximadamente del 20 al 32% de los padres de niños con SDA/H tienen este trastorno; el riesgo es mucho mayor en hijos de padres que han tenido o tienen esta afección, en comparación con padres que no presentan el cuadro. Otros estudios han demostrado que los padres y otros familiares biológicamente enlazados con niños con SDA/H son significativamente más propensos a tener un historial de juventud o de niñez con SDA/H (Biederman, en Hynd, Hern, Voeller y Marshall, 1991).

En otro estudio, Faraone et al. (1992) concluyen que el 57% de los niños con SDA/H tienen padres afectados con el síndrome, con un 15% de riesgo de SDA/H entre los hermanos. También confirman esta teoría los estudios con gemelos monocigotos, en los que se constata concordancia de 51%, mientras en dicigotos la concordancia es de

33%, con mayor incidencia de SDA/H en familiares de primer grado de individuos afectados. El SDA/H se presenta, entonces, con características que corresponden a un cuadro familiar y heredable, de origen poligénico (varios genes involucrados). J. Biederman et al. (1995) plantean que el 84% de adultos que tuvieron SDA/H durante la niñez tienen al menos un hijo con el trastorno, y que el 52% tiene dos o más niños con el síndrome.

Más recientemente, F. Lopera (1994) realizó un estudio con la finalidad discriminar los componentes genéticos y ambientales en el desarrollo del SDA/H con 53 casos índices afectados y un total de 107 familiares involucrados. Los resultados indicaron que el modelo que mejor se ajustaba a los datos era el de un gen mayor (dominante/codominante) que explica el 99,99% de la varianza del fenotipo del déficit de atención, lo cual permite asumir un aporte muy bajo del componente ambiental a la varianza total en la etiología. Su frecuencia en la población general alcanza el 3%, con características de dominancia/codominancia (aspecto que no pudieron discriminar) y una penetrancia de 30%.

Otro hallazgo que avala la hipótesis genética es que el SDA/H en género femenino requiere de una carga genética más alta para expresarse que para los varones, en los que se da, por lo tanto, con más frecuencia.

Todo lo anterior indicaría un factor genético como el responsable de muchos de los casos. Las investigaciones han demostrado que los hijos de padres con un SDA/H tienen hasta un 50% de posibilidades de sufrir el mismo problema, y los estudios realizados con gemelos indican que los factores genéticos explican entre un 50 y un 70% de los síntomas del SDA/H (Cook, 1995, en Miranda, Jarque y Soriano, 2000; Faraone et al., 1992). Sin embargo, hasta el día de hoy se sigue investigando con el fin de encontrar un lugar específico dentro del genoma humano que explique la aparición de dicho trastorno.

1.2. *Factores no genéticos (pre, peri y postnatales)*

No todos los casos pueden ser explicados por la presencia de algún factor de tipo genético. Muchos investigadores sugieren la presencia de anormalidades durante la gestación y el parto.

Para algunos expertos, los niños prematuros, con bajo peso al nacer, que han sufrido de anoxia durante el parto o infecciones neonatales, tienen bastantes posibilidades de desarrollar problemas de conducta e hiperactividad (Moreno, 1995). Entre las consecuencias que más comúnmente se encuentran asociadas a problemas durante el desarrollo pre y perinatal están las dificultades de aprendizaje, dispraxias, disfasias y retardo mental, entre otras.

Sin embargo, los hallazgos y estudios longitudinales que han valorado el comportamiento de estos niños a través de distintas etapas evolutivas, han puesto de manifiesto que las complicaciones pre y perinatales no afectan por igual a todos los niños prematuros o con bajo peso al nacer (Moreno, 1995), lo cual significaría que dichos problemas no son suficientes para explicar la futura existencia de un SDA/H.

Entre los factores adquiridos se ha comprobado la importancia de la hipoxia perinatal y neonatal, rubéola congénita, prematuridad, exposición a tóxicos pre o postnatalmente (tabaco, alcohol, plomo, drogas ilegales), encefalitis postnatales y meningitis, traumatismo craneoencefálico, deficiencia nutricional clínica y otros.

En algunos casos, también se ha observado la influencia de hiper/hipoglicemia, anormalidades tiroideas y efectos secundarios de anticonvulsivantes.

1.3. Factores nutricionales

La relación entre aditivos presentes en las dietas alimenticias de los niños con SDA/H fue planteada por Feingold (1975). Según este autor, los niños hiperactivos mejoraban sus comportamientos cuando se les eliminaban de su dieta colorantes artificiales, conservantes y salicilatos naturales, como almendras, fresas, tomates, etc.

Durante los años setenta, ésta fue una de las teorías que más estuvo en boga como explicación del SDA/H. Sin embargo, debido a su poco soporte empírico, ha sido abandonada progresivamente. También se ha desarrollado un mito popular que dice que la condición de hiperactividad está relacionada con el consumo de azúcar o el uso de edulcorantes artificiales por parte de los niños.

Los científicos no han encontrado un incremento en la actividad ni en los problemas de comportamiento relacionados con el consumo de azúcar o de aspartane (Nutra Sweet). El azúcar no hace a los niños normales hiperactivos, ni hace a los hiperactivos más de lo que son. De hecho, un estudio encontró una reducción en el nivel de actividad después de consumir una comida o refrigerio con alto contenido de azúcar.

En general, respecto de factores dietéticos, los aditivos, colorantes, saborizantes y salicilatos, actualmente se considera que no producen ningún efecto en la línea del SDA/H.

Sin embargo, el azúcar y el exceso de actividad parecerían estar vinculados, debido a que este producto se consume con frecuencia en actividades como fiestas de cumpleaños u otros eventos sociales que tienden a producir excitación y mayores niveles de actividad.

Una reseña de la Nutrition Foundation (Fundación para la Nutrición) de Estados Unidos sugiere que si una dieta especial de alimentos sin sabores o colores artificiales funciona, puede deberse a que la familia ha comenzado a interactuar de forma diferente cuando están siguiendo una dieta especial. Estos cambios en la interacción, y no en la dieta misma, pueden mejorar el comportamiento y el nivel de actividad del niño.

1.4. *Factores neuroanatómicos*

Se ha comprobado que alteraciones en áreas prefrontales (esenciales en los procesos de atención, control de impulsos, organización y actividad sostenida dirigida a un fin) provocan falta de atención, distractibilidad e inhabilidad para inhibir una respuesta. Se han descrito alteraciones en la corteza premotora que provocan inquietud motora, en la medida que ésta cumple una función en la preparación para los movimientos voluntarios, especialmente los que dependen de claves externas, y también en la supresión de respuestas relativamente automáticas a ciertos estímulos.

En esta misma línea se estudia la importancia de otras zonas del cerebro, tales como los ganglios basales, la corteza prefrontal, regiones subcorticales (tálamo, caudado), etc. Todas estas zonas (y otras en menor medida) al alterarse producirían diversos efectos relacionados con el SDA/H.

1.5. Factores familiares y psicosociales

Factores y relaciones familiares disfuncionales se asocian a conducta hiperactiva, aunque, más que a factores etiológicos, se ligan al curso del cuadro, intensidad, duración y pronóstico. En esta línea se pueden identificar estresores familiares de diversa índole y dificultad en relación a normas de crianza (ausencia de éstas, inconsistencia y reglas muy restrictivas), que serán tratados en otro capítulo.

El peso etiológico de los factores sociales en el SDA/H es discutido actualmente. Al igual que los factores familiares, éstos se ligan, por ejemplo, a la falta de oportunidades para formar vínculos estables, lo que empeora el pronóstico, pero no es la causa principal del problema.

Los elementos psicosociales y medioambientales han sido investigados como una de las causas probables de la aparición del SDA/H. Sin embargo, se ha encontrado que existe poca evidencia para considerar los factores psicosociales como causantes del SDA/H; pero, en cambio, pueden ser responsables de su curso o pronóstico, ya que muchos problemas severos de conducta y autoestima se relacionan con el entorno.

El pronóstico de niños con cuadros leves puede empeorar en forma significativa si no cuentan con el soporte emocional de la familia o si asisten a establecimientos educacionales que tienen una actitud poco receptora a sus dificultades. Cuando, además, los contextos escolares tienen una conducta expulsiva, el niño es obligado a peregrinar por distintos colegios, sin lograr establecer vínculos afectivos permanentes con sus pares. La creación de lazos de amistad es un factor protector frente a conductas disruptivas o de riesgo.

A la inversa, un niño con un cuadro más severo puede evolucionar en forma positiva si su familia es capaz de centrarse en las fortalezas de él y buscar mecanismos para compensar sus áreas deficitarias. Si adicionalmente asiste a un colegio que mantiene una actitud comprensiva frente a las dificultades y valorizadora de las características positivas del alumno, el pronóstico se torna más alentador.

La actitud del contexto familiar y escolar constituye un factor psicosocial determinante para la forma en que el niño viva sus dificultades y los mecanismos que utiliza para superarlas. La resiliencia frente al síndrome está altamente determinada por la confluencia de ambos factores.

Uno de los temas centrales en el trabajo con la familia y la escuela en los niños con síndrome de déficit atencional consiste en prevenir el desarrollo de problemas emocionales y conductuales asociados. Las investigaciones de Jain y Zimmerman (en Fish y Jain, 1983) aportan orientaciones en esta línea. Ellos trabajaron con una muestra de niños con trastornos de aprendizaje, dividiéndola en un grupo de estudiantes que presentaban trastornos emocionales con un grupo de niños sin dichos problemas. En sus resultados, los autores aislaron las siguientes cuatro variables que influirían en que niños con dificultades de aprendizaje no tuvieran una problemática emocional asociada a su trastorno:

- *Cohesión del grupo familiar.* Presencia de una pareja parental unida, en que los límites entre el subsistema padres y el de los hijos son claros.
- *Aceptación de las dificultades del niño.* En estas familias se conocen y comprenden las dificultades del niño y no se tiende a negarlas ni a minimizarlas. Tampoco se trata de magnificarlas, pero dichos inconvenientes constituyen un dato que orienta la relación con el pequeño, con lo cual se evitan las demandas excesivas sobre él.
- *Apoyo emocional.* Los padres constituyen para el niño un soporte importante a través del cual se busca disminuir los efectos que las dificultades en el área escolar pudieran tener en su progresión afectiva. Son familias que están disponibles cuando los niños enfrentan crisis y que los acompañan en las diferentes situaciones que supone su desarrollo emocional.
- *Compensación activa de las áreas deficitarias.* Son padres que tienen una actitud decidida en la búsqueda de soluciones, tanto en el plano profesional como en el personal.

Cuando se cumplen estas condiciones, se calcula que alrededor del 40% de los niños afectados con el síndrome logran superar sus problemas de comportamiento al llegar a la vida adulta y no presentan posteriormente trastornos evidentes.

2. Prevalencia

Las diferentes definiciones obedecen a diversas líneas de trabajo y conceptos teóricos a la base de los estudios. Estas diferentes definiciones y cantidad de síntomas y características que incluyen unas y otras determinan también que los estudios de prevalencia entreguen cifras bastante dispares, por ejemplo, entre ensayos norteamericanos y europeos.

En estas diferencias influye la cantidad de síntomas que se incluyen en la definición, las combinaciones posibles, la severidad de la presentación del síntoma para considerarlo dentro del cuadro, el peso relativo que se atribuya a otros problemas concurrentes, etc.

Aunque todavía no existe un acuerdo entre los profesionales que trabajan dentro del campo de la psicopatología infantil con respecto a cuál es la prevalencia exacta del SDA/H en la población, se considera que dicho trastorno es de los más comunes dentro del sector infantil. Sin embargo, los datos varían según el investigador o el sitio donde se lleve a cabo el trabajo, de manera que la incidencia real del SDA/H es difícil de conocer porque en su estimación influyen factores tales como: a) el concepto y definición de hiperactividad admitido por los especialistas, b) los criterios diagnósticos empleados (DSM IV, ICD-10 u otros), y c) las fuentes de información consultadas (padres, profesores, médicos) (Moreno, 1995).

En este sentido, para los norteamericanos se trataría de un trastorno del desarrollo de ocurrencia relativamente frecuente, pero heterogéneo en su presentación, es decir, son muchos los casos que pueden incluirse bajo este término. Comparativamente, dentro de la denominación *síndrome hipercinético* que propone el CIE-10 (OMS, 1992), se trata de una condición menos común, que no afecta demasiado el desarrollo del niño y al que no se atribuye una psicopatología comórbida muy importante. Al ser más estricto el criterio para ser incluido dentro del cuadro, la cantidad de casos que cumplen con él son más escasos.

Diferentes estudios se están realizando en varios países del mundo con el fin de determinar la prevalencia del trastorno. En los realizados en el Reino Unido, Rutter (1977) reportó que la incidencia del trastorno es inferior al 5%. Por otra parte, en Estados Unidos y Canadá, SzatmariOfford y Boyle (1989) afirmaron que el problema ocupa un 30% de las consultas de salud infantil. En general, hay cierto acuerdo en que la prevalencia es cercana al 5% de la población infantil. Esto significa que uno de cada veinte niños presenta el trastorno, con un predominio de 3 a 1 de los hombres respecto a las mujeres, aunque varía según edad y nivel socioeconómico.

Pineda et al. (1999) detectaron una prevalencia estimada del 16,1%, distribuida en: tipo combinado, 3,3%; tipo inatento, 4,3%, y tipo hiperactivo-impulsivo, 8,5%, siempre con una mayor proporción de los varones en relación a las mujeres.

I. Orjales (2001) sostiene que la proporción a favor del sexo masculino es de 10:1. Esto plantea que habría diferencia en la forma que reaccionan los niños y las niñas: ellos mostraron, frente a la frustración, más problemas de conducta, desobediencia y descontrol; en tanto que ellas presentaron una mayor ansiedad y más intentos de regular su conducta a través de comportamientos obsesivos e hipercontrolados.

L. Hay (1997), en Australia, encontró que había un 16% de mellizos hombres con déficit atencional, en comparación con un 8% de mellizas. La tasa esperada en este país es de un 7% para los niños y un 3% para las niñas. Tymms y Preedy (1998), en una muestra de 48 niños, reportan que no habría más probabilidad en los mellizos de presentar este síndrome.

El DSM III-R y el DSM IV plantean que el déficit atencional estaría presente entre el 3 y el 5% de la población escolar, con mayor frecuencia en varones en una proporción de 4:1 (APA, 1987, 1994). Estas últimas son cifras que concitan el mayor acuerdo entre los investigadores. A. Valdivieso y A. Céspedes (1980), también estiman una incidencia entre el 3 y el 5%. Estudios en diferentes partes del mundo arrojan resultados que varían más o menos entre los rangos presentados, considerando que hay diferencias atribuibles a definición del concepto y a las distintas formas de evaluarlo.

Aunque no existe información científica específica sobre la proporción del SDA/H en adultos, este trastorno a veces no se diagnostica hasta la adolescencia o después, y se estima que la mitad de las personas afectadas siguen teniendo síntomas del trastorno durante toda su vida. Se supone que las personas adultas a las que se les diagnostica han tenido elementos del trastorno desde la infancia, aunque no hayan sido evaluadas oportunamente.

3. Curso

El DSM III, en su edición revisada, planteaba que un tercio de los niños con síndrome de déficit atencional con hiperactividad continúan presentando algunos signos del trastorno en la adultez. Los estudios de Weiss, Hechtman, Milroy y Perlman (1985) realizados en Canadá, con un seguimiento de quince años, así como los trabajos de Gittelman, Mannuzza, Shenker y Bonagura (1985) realizados en Estados Unidos, plantean que en la adolescencia y en la adultez persisten muchos de los síntomas, presentando alta comorbilidad.

Adolescencia	Adultez
El 80% continúa reuniendo los criterios para tener el diagnóstico de TDA.	Entre el 50 y el 65% continúa reuniendo los criterios para tener el diagnóstico de TDA.
El 35% ha repetido, al menos, un curso.	El 79% presenta síntomas neuróticos.
Tienen tres veces más accidentes de automóvil que la población de su misma edad.	El 40% tiene dificultades para mantener su trabajo.
El 45% presenta trastornos severos de conducta.	El 25% presenta, ocasionalmente, conductas antisociales.
El consumo de drogas y alcohol es cinco veces mayor que en la población adolescente en general.	El 30% no completó la enseñanza secundaria.
	El 5% no completó su formación universitaria.
	Un 10% tuvo intentos de suicidio.

Según Pinto (1998), la comorbolidad del TDA/H con trastornos oposicionistas desafiantes y/o emocionales varía en estudios con foco amplio o con mayor focalización, entre 14 y 39%.

Los principales factores psicosociales adversos en el curso y pronóstico presentados en el cuadro son los siguientes:

- Los niveles socioeconómico e intelectual suelen relacionarse con un mejor desempeño académico y un menor índice de trastornos de conducta severos.
- El grado de agresividad se relaciona directamente con un mal pronóstico en las áreas académica y social, y con un mayor riesgo de adicciones y conductas delictivas.
- El grado de aceptación o rechazo que haya tenido el niño en la relación con sus pares incidirá sobre la presencia o no de problemas de autoestima e interpersonales en la edad adulta.
- La presencia de problemas psiquiátricos en los padres, así como la hostilidad en las relaciones familiares, aumenta el riesgo de trastornos emocionales y de la conducta.

I. Orjales (2001) plantea que un 25% de los niños hiperactivos incurren en actos delictivos, abusan de las drogas y tienen problemas de personalidad en su vida adulta. Pero hace dos puntualizaciones: la primera se relaciona con el nivel de gravedad que el trastorno tiene, y la segunda, con lo que denomina el "efecto bola de nieve" que presenta el cuadro. Este efecto se refiere al hecho que aunque la sintomatología del cuadro sea aparentemente simple, cuando no se subsana con una intervención terapéutica adecuada se pueden generar problemas mayores.

Esto se debería a que los problemas de atención, impulsividad e inquietud motora dificultarían en forma importante el rendimiento escolar y la conducta del niño en la sala de clase. A su vez, las dificultades de rendimiento escolar afectan su autoconcepto y el desarrollo de su personalidad.

Los efectos de los problemas derivados de la hiperactividad infantil son más fáciles de compensar cuanto más temprano se realice la intervención. Estudios recientes plantean que si bien en la adolescencia hay un descenso de la hiperactividad motriz y de los déficits cognitivos, si no se ha efectuado un tratamiento del déficit atencional, la falta de estrategias adecuadas para procesar la información derivadas de la impulsividad se mantendrían hasta la edad adulta. Plantea también que los niños que son atendidos en los primeros años escolares tienen mayor probabilidad de solucionar el problema, ya que la detección precoz y la intervención temprana son factores que mejoran el pronóstico del síndrome. En su investigación realizada en niños entre 7 y 11 años, Orjales (2001) comprueba lo siguiente:

- Los niños pequeños tienen menos experiencias de fracaso que los mayores y una imagen personal menos deteriorada; se esfuerzan más que los mayores en aprobar el curso, ya que éstos abandonan con más facilidad.
- Los adultos tienden a considerar a los niños mayores como inútiles y vagos y a responsabilizarlos por su mal rendimiento, acusándolos de no querer esforzarse y, por lo tanto, de no hacerse cargo de su recuperación. En contraste, los maestros de niños pequeños tienden a pensar que una de sus tareas es sacar adelante a estos pequeños, dado que tienen dificultades y que les cuesta controlarse.

Justifica la necesidad de realizar una intervención temprana en el hecho de que en los mayores se van acumulando vacíos de conocimientos escolares debido a falta de hábitos de estudio y otras dificultades que interfieren su rendimiento. Por lo tanto, sugiere no sólo mejorar la atención o reducir la impulsividad, sino también rehabilitar lagunas escolares en el área de las matemáticas, el bajo nivel lector, la mala letra y la falta de hábitos de estudio, entre otras competencias.

3.1. *Desarrollo de síntomas*

A lo largo del desarrollo, la presentación del cuadro va variando, independientemente de otras consideraciones, tales como comorbilidad, complicaciones, respuestas a los diferentes tratamientos, etc. Estas variaciones dependen de las características propias de cada etapa del desarrollo y de los logros en cada una de ellas. También, las expectativas de los adultos respecto de las conductas del niño a diferentes edades hacen que algunas de ellas aparezcan como más o menos valoradas o rechazadas en diferentes momentos del desarrollo.

En el primer año de vida, los síntomas de hiperactividad se presentan como trastornos de sueño, cólicos, irritabilidad, dificultades en la alimentación, vómitos frecuentes y poca capacidad de adaptación a cambios en las rutinas. En las etapas más precoces del desarrollo, los rasgos temperamentales del niño también son factores que determinan estos comportamientos.

Cuando adquiere la marcha, las mamás reportan que el niño no camina, sino que *corre,* muchas veces sin detenerse ante los peligros o los obstáculos que encuentra en su camino. Alrededor de los 2 años es muy común que el niño parezca no tener temor ante nada y que tienda a destruir lo que cae en sus manos. La inquietud va en aumento: corre, se desplaza de un lado a otro, salta y brinca en el lugar cuando se detiene.

De acuerdo al reporte de la familia, el niño no persevera en los juegos, "no se entretiene con nada" es la queja común. Toma los juguetes y los deja. En este constante deambular y explorar, no es raro que ingiera medicamentos o sustancias a su alcance y que se intoxique.

A los 3 o 4 años, la conducta se torna especialmente demandante hacia los adultos. Constantemente pide cosas y se impacienta y hace berrinches si no se le hace caso en sus peticiones; asimismo, comienza a mostrarse oposicionista y desafiante. El oposicionismo puede ser considerado como un evento normal en esta etapa del desarrollo; sin embargo, en estos niños la diferencia está en la frecuencia y en la intensidad de los berrinches y las pataletas, y en la inutilidad de los medios utilizados para calmarlos.

Persiste la tendencia a constantes cambios de actividad. Mientras se muestra incapaz de entretenerse solo, no se adapta a juegos grupales. No logra incorporarse a los grupos de juegos y ser aceptado por los otros. No tolera la frustración al perder, el esperar turnos, el ajustarse a reglas.

En esta etapa, los padres reportan que es difícil enseñarle normas de convivencia, límites, rutinas, etc., debido a que el niño pareciera que no responde a premios ni castigos. En este momento en que deben iniciarse procesos de socialización fuera del hogar –por ejemplo, ingreso a jardín infantil–, sus problemas de relaciones interpersonales comienzan a agudizarse, debido a que empieza a ser rechazado por sus pares y por los adultos.

Ingresa al jardín infantil, y sus problemas, que hasta ese momento se habían manifestado en el hogar, empiezan a surgir fuera de ese ámbito: problemas porque no acata normas ni sigue instrucciones en el jardín.

Ya en la etapa escolar, entre los 6 y los 12 años aproximadamente, los problemas de comportamiento en el jardín dejan paso a los problemas en el colegio, con más intensidad debido al aumento de las exigencias. A esto se suman los problemas de rendimiento, derivados de su estilo conductual y cognitivo impulsivo y, básicamente, de su distractibilidad. Emocionalmente, muestra escasa tolerancia a la frustración y su autoestima experimenta un notable detrimento.

4. Pronóstico

Respecto del pronóstico es difícil determinarlo, ya que depende de muchos factores. No existe un pronóstico que englobe todos los casos, dada la complejidad representada por la comorbilidad, los subtipos del síndrome, los factores de resiliencia y de riesgo individual, familiar y social, etc.

No obstante, en general se acepta que: a) el síndrome persiste en la adolescencia y la adultez, b) un subgrupo desarrolla conductas antisociales y/o abusa de alcohol y drogas, c) muchos pacientes presentan problemas escolares persistentes, d) su impulsividad posibilita altas tasas de accidentabilidad en la adolescencia, y e) algunos superan el problema atencional y no tienen dificultades posteriores.

Como factores protectores que moderan la expresión del SDA/H y que, por tanto, mejoran el pronóstico, se señalan:
- Apoyo social y relaciones familiares estables y protectoras.
- En el adolescente, relaciones cercanas con adultos significativos.
- Variables de crianza que incluyen una disciplina consistente y respetuosa, con buen control externo de la conducta del niño durante todo su desarrollo.
- Tratamiento multiprofesional oportuno.

En relación al pronóstico, Céspedes (s/f) clasifica el síndrome en dos amplias categorías que establecen criterios para determinar la severidad del cuadro:
   a) De leve a moderado: incluye a niños que se benefician con los programas de apoyo habituales, con el tratamiento medica-

mentoso y cuyo pronóstico es favorable en la medida que se cumplan ciertas condiciones básicas de tratamiento.

b) El grado severo se refiere a niños con alto riesgo de presentar dificultades educacionales que implicarán peregrinación por diversos profesionales y establecimientos educacionales. En edades tempranas suelen tener accidentes, dado su bajo control de los impulsos, y también corren el riesgo de ser sometidos a maltrato físico y psicológico.

III. Evaluación y diagnóstico

1. Dificultades para el diagnóstico del SDA/H. Criterios generales

La importancia de un diagnóstico oportuno y preciso incide en el tratamiento y en el pronóstico del cuadro. Se trata de un diagnóstico clínico, basado en criterios conductuales, sin marcador biológico específico.

Dentro de las dificultades para realizar un buen diagnóstico cabe destacar las expectativas no realistas del medio y diferencias culturales en la interpretación de la conducta. Qué se considera hiperactividad y qué se considera inquietud puede tener diferencias notables, dependiendo de quién sea la persona que evalúa; por lo tanto, se requiere de un evaluador experto en el síndrome y en las características que le son propias.

Como criterios adicionales que sirven a una delimitación más exacta del SDA/H se señalan:

- *Persistencia e inicio temprano.* No puede ser considerado como SDA/H un cuadro originado en algún estresor ambiental que esté causando síntomas semejantes a los del SDA/H.
- *Conducta inapropiada para la edad y nivel de desarrollo.* Independientemente de las características de la conducta, lo que define el SDA/H es su inadecuación con la edad de desarrollo del niño. Como se ha señalado, la hiperactividad que en un niño de 4 años puede ser considerada como normal para esa edad, no lo es para uno de 10 años.
- *Conducta que se presenta en múltiples situaciones.* Si la inquietud y la hiperactividad se presentan sólo en determinadas circunstancias, se debe pensar que corresponden a reacciones puntuales, explicables desde el entorno.

- *Conducta que interfiere en otras áreas del desarrollo,* como por ejemplo en el aprendizaje, en sus relaciones interpersonales, en el área emocional, etc.
- *Conducta no explicada por otros trastornos,* es decir, que no sea secundaria a otros cuadros.

Los criterios indicados en el DSM IV presentan problemas al momento de su aplicación. Se trata de síntomas no graduados según el nivel de desarrollo, sexo o variables socioeconómicas o étnicas del niño. La edad de inicio, fijada antes de los 7 años, tiene relación con la etapa de comienzo de la escolaridad, momento en que la expresión de los síntomas se hace más evidente. Actualmente es posible pesquisar el cuadro en preescolares.

2. Historia aportada por padres y profesores

Por tratarse de un diagnóstico básicamente clínico, requiere del reporte de padres y profesores, los que no siempre son coincidentes en sus apreciaciones y puntuaciones sobre la conducta del niño.

Las diversas manifestaciones del síndrome y sus diferencias de presentación, de acuerdo a características individuales, edad, condiciones ambientales y de manejo por parte de los adultos, etc., hacen que los niños, adolescentes y adultos con secuelas de SDA constituyan un grupo muy amplio, diverso y heterogéneo. Esto presenta demandas especiales para la evaluación, que hacen necesario un abordaje multidimensional, multidisciplinario, la utilización de instrumentos de distinta naturaleza que reflejen estas diferencias, la participación de especialistas de diversas áreas, junto con los reportes de los padres y los maestros.

No se cuenta con una prueba única o con una batería de pruebas que permitan determinar la presencia o ausencia del trastorno; por lo tanto, se trata de un diagnóstico clínico que se realiza a partir de los reportes de los padres, y especialmente de los profesores, y de la evaluación neurológica que permite determinar inmadurez o alteraciones en el desarrollo del niño.

3. Modelo multimodal de evaluación

M. S. Atkins y W. E. Pelham (1991) presentan un modelo de evaluación que contempla el uso de múltiples medidas para evaluar adecuadamente la amplia variedad de síntomas asociados con el desorden de la atención con hiperactividad. Recomiendan la evaluación multimodal: entrevistas con los padres y con los maestros, resolución de cuestionarios, observaciones directas del comportamiento del niño en el colegio e información sobre su desempeño académico. El objetivo básico de este modelo es el de establecer un buen diagnóstico del alumno e implementar, en función de ello, un plan de tratamiento.

Dentro del proceso de evaluación se plantean diferentes etapas, con bastante consenso en las siguientes:

3.1. *Anamnesis*

La anamnesis realizada en una entrevista clínica con la participación de la familia es el primer paso y uno de los más importantes, ya que a partir de la información que se reúna se puede obtener una visión general de lo que le ocurre al niño a partir del reporte de sus padres, las atribuciones que ellos hacen sobre la causa de sus problemas, el grado de información y focalización sobre los problemas del niño, a quiénes afectan principalmente sus comportamientos, la intensidad y evolución de los mismos, su historia escolar y los antecedentes del desarrollo.

Idealmente, se debería contar con la presencia de ambos progenitores o, en caso de no ser así, con la persona que más tiempo permanezca con él. Desde el comienzo se debe tratar de establecer una relación de empatía y un buen rapport desde la primera entrevista con el niño, porque de esto dependerá que éste colabore o no.

Conviene preguntarle directamente al niño su nombre, la edad, curso, interesarse por sus amigos, sus expectativas y temores, de modo que se sienta partícipe del proceso de evaluación y no que sólo ha sido llevado allí para que sus padres hablen de él. Las preguntas directas sobre su rendimiento escolar, notas, problemas en el colegio, etc., no conviene abordarlas en una primera entrevista, ya que indudablemente constituyen temas conflictivos y es posible que crea que son el motivo por el cual está siendo evaluado.

En algunos casos, el niño (adolescente) puede ser mejor informante que sus padres respecto de abuso de sustancias, riesgo social, ansiedad, depresión, etc., y es por eso que se recomienda tener una sesión individual con él.

La entrevista clínica del niño y su familia constituye la piedra angular del proceso de evaluación destinado a obtener un diagnóstico. Esta entrevista puede ser realizada por el profesional a quien se le derive el caso, ya sea el psicólogo, el psiquiatra o el neurólogo.

En todos los casos se debe recabar información acerca de aspectos de su historia y desarrollo, comenzando por el período de embarazo, parto y postparto. A continuación se investiga la historia de su desarrollo psicomotor, las enfermedades familiares, en especial la existencia de otros casos de SDA/H, ya sea en la familia nuclear o en la familia extensa. Debe ser cuidadosamente explorado el nivel de estrés de la familia en relación al SDA/H del niño, sus recursos, sus redes de apoyo, conflictos actuales... Interesa establecer cuidadosamente la aparición, desarrollo e intensidad de los síntomas a partir del relato tanto de los padres como del niño. Además del ámbito familiar, se debe explorar su desempeño escolar y su funcionamiento emocional.

3.2. *Motivo de consulta*

Se recomienda preguntar al niño si está informado de la causa de que sus padres lo hayan llevado allí y si conoce el motivo por el cual se le está evaluando. Esto, con el fin de determinar la conciencia que tiene de su problema, los aspectos que le preocupan y su nivel de compromiso y motivación por cambiar la situación. Las implicancias para el tratamiento son importantes, ya que en muchos casos cl niño manifiesta no tener el menor conocimiento del porqué lo han llevado allí y no considera que su comportamiento sea diferente al de otros niños de su edad.

Luego de haber escuchado la opinión del niño y de haber logrado un buen rapport (relación de matiz positivo que facilita la colaboración), se le puede asignar una tarea entretenida, ya sea dentro o fuera de la consulta misma, mientras se pide información a sus padres acerca del motivo de consulta. Esto es aconsejable si los padres se sienten incómodos en el momento de expresar lo que les preocupa del comportamiento de su hijo en presencia de éste. En todo caso, se les puede preguntar a ellos si les incomoda o no hablar en presencia del niño.

Como sucede en la gran mayoría de los casos de dificultades infantiles, los niños pequeños no son buenos informantes y son los padres (y los profesores) la mejor fuente de información. Un primer aspecto a tener en cuenta es la importancia de ayudarlos a traducir términos como "hiper", "poco controlado", "malo", etc., a sus correlatos conductuales específicos. Así, "hiper" podrían definirlo como: habla e interrumpe continuamente o no permanece sentado; "malo", también podría interpretarse con mayor exactitud como: golpea a su hermano pequeño.

Se debe determinar, con la mayor precisión posible, la frecuencia del problema, las situaciones que gatillan, los contextos en que se dan con más regularidad y las consecuencias de las conductas que preocupan a los adultos (Miranda y Santamaría, 1986).

4. Manifestaciones del cuadro

Una vez determinado el motivo de consulta, el clínico debe centrarse en aquellos comportamientos que más preocupan a los padres, considerando los siguientes aspectos:

Frecuencia de los comportamientos. Es muy importante conocer la frecuencia de los comportamientos y los lugares en los que el niño manifiesta las conductas que preocupan a los padres. Si la conducta varía dependiendo del lugar donde se encuentre, podría haber componentes ambientales más allá del SDA/H en sí. En este punto conviene recabar información sobre los lugares o circunstancias en que se manifiestan de preferencia los comportamientos disruptivos, sobre las ocasiones en que se comporte de manera diferente a la habitual, sobre las personas que más se sienten afectadas por el comportamiento del niño y sobre la frecuencia (cuantitativa) de los comportamientos problemáticos.

Aparición y evolución del problema. Aunque en muchos casos es difícil para los padres tratar de determinar un tiempo exacto para el inicio, la mayoría suele estar de acuerdo con la presencia en el niño desde sus primeros años. Algunos afirman que ya en el vientre materno el niño dio muestras de gran inquietud.

El DSM IV plantea que los primeros síntomas de la hiperactividad usualmente aparecen mucho antes de los 7 años de edad. Por tal motivo, es importante estar alerta cuando la hiperactividad es un síntoma reciente y con aparición claramente definida en el tiempo, especialmente si aparece después de los 7 años. En ese caso se debe pensar más bien en el inicio de una cuadro de morbilidad puntual y no en un trastorno del desarrollo (Lopera, 1994).

Actividad organizada vs *desorganizada.* Es conveniente observar no solamente el grado de actividad que presenta el niño, sino además si la misma está dirigida a conseguir un fin o alcanzar alguna meta, o si, por el contrario, es desorganizada y sin ningún propósito aparente. Esto puede ayudar a diferenciar entre aquellos niños cuyo grado y calidad de actividad es organizado y que se caracterizan por ser muy dinámicos, creativos, investigadores, curiosos y cuya actividad, en la mayoría de los casos, más que un defecto, podría ser una cualidad; de aquellos otros cuya actividad es desorganizada y que se caracterizan por dejarlo todo empezado, por distraerse fácilmente, con dificultades para concentrarse en una tarea, que no respetan reglas y que actúan impulsivamente. En la mayoría de los casos, estos últimos presentan SDA/H.

Se debe investigar si el niño ha sufrido algún trastorno neurológico (epilepsia, parálisis cerebral, meningitis, hidrocefalia u otro), o si tuvo algún problema pre, peri o postnatal, tales como anoxia o lesiones debidas a uso de fórceps durante el parto. Esto constituye sólo un elemento a considerar, ya que actualmente se sabe que no hay correlación estricta entre la lesión y las consecuencias posteriores en la conducta del niño.

Comorbilidad. Se recomienda explorar la posibilidad de coexistencia de cuadros asociados al síndrome, ya que numerosas investigaciones han demostrado que existe comorbilidad entre el TDA/H y trastornos de lenguaje, problemas de aprendizaje (dislexia, disgrafía, dispraxia o discalculia), alteraciones psicológicas (ansiedad, depresión, problemas de autoestima, trastornos de conducta, etc.) y disminución de la agudeza visual o auditiva. Ocurre con frecuencia que la cantidad de síntomas disruptivos del SDA/H puede ocultar otros problemas que, al no ser detectados, no reciben un tratamiento oportuno.

Factores psicosociales y afectivos. Finalmente, la entrevista deberá profundizar en aspectos tales como la relación del niño con sus compañeros, hermanos, padres y adultos significativos, para evaluar cómo es su capacidad para dar y recibir afecto, para tener amigos, etc. En casos en que los niños aparezcan muy dañados en sus habilidades sociales puede estar indicado el apoyo psicológico, tanto para él como para su familia.

Una vez realizada la anamnesis, el evaluador debería estar en condiciones de formular una hipótesis diagnóstica, o hipótesis de trabajo. En relación a esta hipótesis, se selecciona una batería de pruebas destinadas a confirmarla o desecharla, como manera de evaluar sólo aquellos aspectos sobre los cuales haya alguna evidencia de problemas.

Una evaluación exhaustiva del niño requiere de la opinión de otros profesionales competentes en el tema, que puedan ser un aporte al diagnóstico y al tratamiento desde sus diferentes perspectivas.

5. La evaluación y el diagnóstico desde las diferentes perspectivas profesionales

5.1. *Examen médico general*

En caso de que el niño no haya sido controlado periódicamente, es recomendable evaluar su salud y detectar si presenta algún tipo de enfermedad, problemas auditivos, visuales o de desarrollo en general.

El examen físico debe incluir peso/talla y evaluación de signos vitales, tales como frecuencia cardíaca, presión arterial y otros parámetros de rutina, a fin de establecer una medida de base para evaluar el efecto de posible medicación futura.

La historia médica debe incluir información sobre el desarrollo del niño desde el período prenatal, si hubo factores de riesgo, tales como tabaquismo, consumo de alcohol o de sustancias, enfermedades de la madre (diabetes, desnutrición, hipertensión, etc.), los antecedentes del parto y del período perinatal, tales como prematuridad, problemas en el parto y otros.

La evaluación del desarrollo psicomotor debe incluir información acerca de la iniciación de la marcha, del control de esfínteres, la coordinación motora fina y el desarrollo de lenguaje. Adicionalmente, el pediatra debe investigar sobre posibles trastornos del sueño, golpes importantes (con pérdida de conciencia), accidentes, infecciones recurrentes al oído, problemas de visión, meningitis, asma, alergias, funcionamiento de la glándula tiroidea (puede solicitar exámenes de laboratorio), alergias, epilepsias y uso de fármacos, como fenobarbital, antihistamínicos, etc., por sus posibles efectos en la atención.

Una completa evaluación médica debería incluir la revisión de déficits auditivos y visuales. Si el niño ha estado expuesto a sustancias tóxicas, como el plomo, se debe medir el nivel de este componente en su organismo.

5.2. *Evaluación neuropsicológica*

La evaluación neuropsicológica es una herramienta muy útil dentro del diagnóstico, dado que permite diferenciar claramente si el niño, además de tener un déficit de atención con hiperactividad, presenta otros problemas de aprendizaje asociados, tales como dificultades específicas de la lectura, la escritura y/o el cálculo (situación bastante frecuente en niños inmaduros), o si tiene un retardo global de las funciones psicológicas superiores. Aunque en la gran mayoría de los casos, los niños con SDA suelen presentar una evaluación neuropsicológica normal, esto no es motivo para no realizar el diagnóstico.

La evaluación neuropsicológica del niño se realiza con los siguientes objetivos: conocer el estado de sus diferentes funciones psicológicas superiores y establecer la presencia de alteraciones a este nivel (si las hay), para definir así el perfil neuropsicológico específico del paciente. El contar con este perfil contribuye a orientar el tratamiento, en especial en lo que se relaciona con sus dificultades para aprender.

5.2.1. *Pruebas de evaluación neuropsicológica*

Algunas pruebas neuropsicológicas utilizadas para evaluar las funciones cognitivas que pudieran estar comprometidas son las siguientes:

Atención	Inteligencia	Lenguaje	Memoria
Test de ejecución continua (Trail making test –TMT–). Clave de números (subprueba del WISC-R).	Escala de inteligencia para preescolares (WPPSI). Escala de inteligencia para niños (WISC-R).	Test de fichas (Token test). Test de vocabulario de Boston. Test de fluidez categorial semántica (FCS) Reynell, J. K. Escalas de desarrollo del lenguaje.	Curva de memoria verbal. Curva de memoria visual. Escala de memoria de Wechsler.

Praxias	Desempeños	Gnosias
Figura compleja de rey. Test visomotor de Bender. Test de orientación derecha-izquierda (Piaget Head).	Wisconsin test. Test de fluidez categorial. Habilidades académicas: Test de lectura, escritura y cálculo. Prueba de comprensión lectora de complejidad lingüística progresiva (CLP). Prueba interamericana de lectura.	Test de percepción visual no motriz (TPVNM). Test de Frostig. Test de gnosias digitales.

Dentro de esta batería de pruebas, el evaluador determina cuáles son las adecuadas para evaluar al niño en particular, de acuerdo a las hipótesis que se plantee a partir de la anamnesis y de la observación de la conducta.

Independientemente de las pruebas con que evaluará al niño, conviene que tanto padres como profesores respondan escalas comportamentales para tener información sobre los síntomas, tanto de distractibilidad como de hiperactividad, en ambientes tales como la casa, el colegio, el barrio, etc. Algunas de las escalas utilizadas actualmente son:

• Test de Conners para padres y maestros.
• Cuestionario de conductas hiperactivas de Werry, Weiss y Peters.
• Sistema multidimensional para la evaluación de la conducta (BASC).

Luego de haber evaluado las diferentes funciones psicológicas superiores y de haber revisado con los padres los criterios del DSM IV para el trastorno de déficit de atención con hiperactividad (presentes en los cuestionarios, en especial en el test de Conners), se procede a analizar toda la información conjuntamente con los datos disponibles de otras evaluaciones, en caso de que las hubiera.

Es probable que en un futuro no lejano sea posible el uso de medidas que permitan contar con marcadores biológicos del cuadro en forma habitual.

5.3. Evaluación psicológica

Su finalidad es obtener información sobre:
– desarrollo intelectual, estilos cognitivos, capacidad de atención y concentración,
– desarrollo emocional del niño y presencia de cuadros ansiosos, depresión, trastornos de conducta, desmotivación, baja autoestima y otros que podrían asociarse al TDA y que, sin duda, complican el cuadro y comprometen su evolución, y
– calidad de las relaciones familiares, con pares, profesores, etc.

La evaluación psicológica comprende el área intelectual, emocional, de comportamiento, familiar y relacional.

5.3.1. Pruebas de evaluación psicológica

Aunque las pruebas que se describen no están destinadas a evaluar específicamente SDA/H, el análisis cualitativo y la interpretación de sus resultados es útil para determinar desempeños característicos, formas de respuestas y rendimientos típicos de estos niños.

a) Los test de inteligencia se utilizan para determinar en qué medida el trastorno interfiere en la expresión del potencial intelectual y, *contrario sensu,* para descartar la posible influencia de algún grado de retardo mental en la expresión del SDA/H. El más representativo dentro de este grupo es el denominado WISC-R (abreviatura de Wechsler Intelligence Scale Children, la R significa que está revisado y validado para Chile).

WISC-R, Escala de inteligencia para niños de Wechsler (1994). Esta escala se compone de 12 subpruebas distribuidas en dos subescalas: *escala verbal* y *escala manual o de ejecución*. La denominación responde al predominio del lenguaje como elemento para expresar la conducta inteligente (escala verbal), y la escala manual o de ejecución, en que la inteligencia puede expresarse a través de ejecución de tareas de índole preferentemente manual. En general, los niños con SDA/H tienen un rendimiento disarmónico entre ambas escalas; diferencias superiores a 12 puntos interescalares son consideradas significativas y deben ser analizadas.

Estas notables diferencias en los resultados se explicarían por un mejor desarrollo de las habilidades de abstracción y verbales (Pinto, 1998), pero también pueden deberse a su estilo impulsivo, desorganizado y poco planificado para trabajar, lo que interfiere su ejecución bajo presión de tiempo.

Básicamente, la aplicación de la escala de inteligencia para niños (WISC) se explica, además de descartar dificultades intelectuales globales en el niño, por la posibilidad de obtener información cualitativa sobre el desempeño de éste a través de la observación de su actuación en pruebas, estilo de trabajo, etc.

b) Para evaluar madurez viso-perceptiva-motora y la presencia de índices emocionales asociados a la ejecución se utiliza preferentemente:

Test gestáltico de integración visomotriz de Bender (1969). Es un test de percepción visomotora utilizado por los psicólogos que consiste en nueve tarjetas, con figuras que deben ser reproducidas por el niño. Una adaptación realizada por Koppitz (1974) propone siete categorías de análisis de las reproducciones: distorsión de la forma, rotación, sustitución de los puntos por círculos o rayas, perseveración, falla en la integración de las partes de una figura, sustitución de curvas por ángulos y adición u omisión de ángulos.

En otra adaptación del test de Bender, realizada por Hilda Santucci y Nadine Galifret-Granjon (1963), para niños entre 6-14 años, se evalúa la construcción de los ángulos, la orientación de las figuras, la posición de los elementos de la figura y la posición relativa de las figuras entre sí.

c) Para la *evaluación emocional,* el psicólogo aplica pruebas proyectivas, autorreportes, entrevistas, observación clínica y demás instrumentos según su orientación teórica y estilo de trabajo, el que debe integrarse a la evaluación de los otros profesionales que intervienen en el proceso.

5.3.2. Evaluación de la autoestima

La autoestima y la autovaloración escolar son, sin duda, áreas muy afectadas en el niño SDA/H. Dado que en la década de los noventa el tema cobró particular relevancia debido a numerosos estudios que comprobaron la importancia de la autoestima, especialmente en el rendimiento escolar y en el desempeño social del niño, el conocer cuál es su nivel de autoestima aparece como un tema importante a la hora de evaluarlo integralmente.

En la actualidad se cuenta con varios instrumentos, especialmente autorreportes para ser respondidos por el niño y también cuestionarios para ser contestados por el profesor, como por ejemplo el *test de autoconcepto académico* (Arancibia, Maltés y Álvarez, 1990). Entre los autorreportes, la *escala de autoconcepto para niños de Piers-Harris* (Gorostegui, 1992) resulta útil en la medida que está conformada por seis subescalas que permiten analizar la puntuación en las seis áreas que, de acuerdo a los autores, conforman la autoestima infantil.

Estas áreas son *conducta, estatus intelectual y escolar, apariencia y atributos físicos, ansiedad, popularidad* y *felicidad y satisfacción.* De estos subfactores conviene analizar, tanto en los resultados cuantitativos como desde la perspectiva cualitativa, los puntajes que obtiene el niño en los siguientes:

La susbescala *conducta* permite explorar las vivencias del niño respecto de cómo evalúa su comportamiento, los lugares en que es más problemático y si él asume o no su responsabilidad en las dificultades. Es altamente probable, salvo que el niño realice un esfuerzo deliberado por negar sus problemas, que los puntajes en esta subescala sean bajos.

La subescala *estatus intelectual y escolar* refleja la autovaloración infantil respecto de su desempeño en tareas escolares. Es interesante conocer su autopercepción en la medida que no es raro que la valoración negativa del medio respecto de su comportamiento impregne también su autovaloración académica.

Ansiedad. Los ítems que conforman esta subescala reflejan un humor disfórico o alterado, y comprenden una variedad de emociones que incluyen preocupaciones, nerviosismo, timidez, miedo y, en general, sentimientos de no ser tomado en cuenta. Más que otras, esta escala contiene ítems que pueden sugerir la necesidad de evaluación o terapia psicológica posterior. El SDA/H muestra comorbilidad con depresión; por lo tanto, un bajo puntaje en esta escala debe ser una llamada de atención para el profesional que atiende al niño.

Popularidad. Bajos puntajes en esta escala pueden indicar retraimiento social, timidez, falta de habilidades y destrezas sociales que pueden facilitar el que el niño sea rechazado o se aísle de sus pares. Se evalúa la forma en que se siente o no capaz de hacer amigos, si es elegido o no para participar en juegos, si es o no aceptado por su grupo de pares. Bajos puntajes señalan la necesidad de intervenir para cautelar la forma en que está vivenciando rechazo e incluso burlas o agresiones a su autoestima por parte de sus compañeros.

Aun cuando los 70 ítems que componen la escala son indicadores importantes, los que conforman estas cuatro subescalas parecen ser los más afectados en el caso de los niños SDA/H. El análisis ítem a ítem permite diseñar tanto intervenciones psicoterapéuticas como psicopedagógicas y pedagógicas a nivel de aula.

5.4. *Evaluación psicopedagógica*

La evaluación psicopedagógica constituye una importante herramienta al momento de determinar la forma y la intensidad en que el SDA/H afecta el desempeño escolar del niño, en términos de su rendimiento.

La evaluación psicopedagógica incluye una amplia gama de aspectos relacionados con madurez de funciones, estilos de aprendizaje, dificultades generales y específicas para aprender, rendimiento, hábitos de estudio, etc.

La evaluación psicopedagógica tiene un rol central en el diagnóstico del niño con SDA/H, ya que es en el colegio donde el problema tiene mayor expresión. Por otra parte, los psicopedagogos necesitan determinar con precisión cuáles son los aspectos del aprendizaje más comprometidos y los procesos cognitivos más deficitarios, de manera de diseñar planes de rehabilitación ajustados a las necesidades de cada niño en particular.

5.4.1. *Baterías de funciones básicas*

a) *Metropolitan readiness test,* diseñado por Gertrude Hildreth y Nellie Griffith y adaptado para Chile en 1965 por S. Abarca y otros. Las autoras consideran que es básico para el aprendizaje escolar poseer un buen nivel de aptitudes lingüísticas, un nivel suficiente de coordinación muscular, el conocimiento de los números, tener capacidad de atender al trabajo en grupo y un buen desarrollo de procesos perceptivos visuales y auditivos. Se trata de un test que consta de seis subpruebas que puede ser aplicado en forma colectiva o individual.

b) *Prueba de funciones básicas* (PFB). Esta prueba fue construida y estandarizada para Chile por O. Berdicewski y N. Milicic (1976). Es un test de lápiz y papel, con ítem de tipo objetivo y de aplicación colectiva. Está destinada a medir tres funciones básicas, relacionadas con la lectura y la escritura: coordinación visomotora, discriminación auditiva y lenguaje. Se demostró que los niños con promedio de rendimiento alto en el test tenían una productividad escolar significativamente más elevada que quienes tenían un bajo rendimiento en el test. La prueba está destinada a niños entre 5,5 y 7,5 años, que deben ingresar a primer año básico

c) *Test de Goodenough.* Esta prueba fue construida por Florence Goodenough en 1951. Se aplica como test de inteligencia partiendo de la hipótesis de que en los niños pequeños existe una estrecha relación entre la inteligencia general y el desarrollo conceptual, y que ellos tienden a dibujar lo que saben y no lo que perciben. La prueba constituye una buena medida de los logros en el área cognitiva de su esquema corporal, sobre todo en la edad preescolar. Se trata de que el niño dibuje una figura humana en una hoja de papel con lápiz negro. La valoración de la prueba, que está destinada a edades entre 3 y 13 años, se realiza sobre la base de 51 ítems, que se desprenden de ocho categorías de análisis: cantidad de detalles dibujados (ojos-orejas-nariz-piernas), proporción, bidimensionalidad, intransparencia, congruencia, plasticidad, coordinación visomotora y perfil.

5.4.2. *Desarrollo psicomotor*

a) *TEPSI (Test de desarrollo psicomotor de 2-5 años)*. Instrumento para ser aplicado en niños preescolares, está elaborado y estandarizado en Chile por M. T. Marchant y I. M. Haeussler (2002). El test mide tres áreas básicas de desarrollo infantil: coordinación, lenguaje y motricidad; tiene normas establecidas en niños chilenos y sus índices de confiabilidad y validez son adecuados. El TEPSI es de fácil administración y corrección, utiliza pocos materiales y de bajo costo, puede ser aplicado por profesionales relacionados con la educación preescolar y se administra al niño en forma individual. Permite detectar de forma general riesgos o retrasos en el desarrollo psicomotor. También sirve para evaluar programas preescolares y puede ser utilizado en investigaciones.

b) *Prueba de imitación de ademanes de Berges-Lézine* (1963). Esta prueba permite apreciar el grado de madurez de la función practognósica y el nivel de adquisición del esquema corporal. Se entiende por practognosia el conocimiento o percepción de la coordinación de los movimientos necesarios para la ejecución de una acción. En cada nivel de la prueba hay factores de tipo perceptivo (comparación con el modelo) y práxicos (realización del ademán, según una secuencia motriz que se organiza en el tiempo y en el espacio). Esta prueba se aplica desde los 3 a los 12 años y se divide en tres partes: imitación de ademanes simples, imitación de ademanes complejos y prueba de los contrarios.

c) *Pruebas de control postural y equilibrio estático y dinámico* (Bucher, 1970). Estas pruebas ayudan a evaluar la motricidad global y se relacionan con la posibilidad del niño de mantener la postura y el equilibrio estático y dinámico en distintas situaciones experimentales.

d) *Prueba de disociación de movimientos*. Esta prueba (Bucher, 1970) evalúa la habilidad para realizar movimientos independientes con los diferentes segmentos corporales, mediante ejercicios que incluyan movimientos de las distintas partes del cuerpo. El evaluador observa si el niño es capaz de disociar los movimientos, si su realización es armónica y si logra una buena o mala ejecución, al no estar presente el modelo.

58 DÉFICIT ATENCIONAL

e) *Evaluación de las sincinesias.* Estas pruebas (Bucher,1970) están destinadas a evaluar las sincinesias (reacciones parásitas desencadenadas por un movimiento voluntario). Se miden dos tipos de sincinesias: de reproducción y de difusión tónica (esbozo de imitación del movimiento por el miembro contralateral), que tienden a desaparecer alrededor de los 7 u 8 años.

f) *Habilidad manual.* Esta función, generalmente, es evaluada a través de la batería de motricidad manual de M. Stamback (1973), destinada a medir la eficiencia motriz a través de la precisión y la rapidez con que el niño ejecuta los movimientos. La batería está integrada por las pruebas de punteado (mide rapidez), de recorte (precisión) y de construcción de torres (coordinación).

g) *Pruebas de habilidad manual, estilo motor y lateralidad.* Consisten en pruebas informales de punteado, puntillado y trazado de un círculo. El objetivo es evaluar la motricidad, en su aspecto cualitativo, en niños a partir de los 6 años. La motricidad es estudiada en esta batería como la expresión de la actividad afectiva en relación a la actitud frente al trabajo, a través de la forma como el niño se adapta a pruebas motoras simples. En este sentido, no son pruebas de habilidad motora propiamente tales.

h) *Pruebas de lateralidad.* La lateralidad se examina a nivel de ojo, mano y pie, a través de gestos y actividades de la vida diaria, tales como cruzar los brazos o las manos, superposición de las manos, cruzar los índices, superponer los puños, decir "adiós", peinarse, lavarse, moler café, poner un clavo, cortar la carne en un plato, distribuir las cartas de un naipe, enrollar hilo en un carrete... En todas estas actividades, la mano dominante es aquella que dirige el movimiento, en tanto que la no dominante sirve de complemento a la acción. La lateralidad es definida como el predominio funcional de un hemicuerpo, determinado por la supremacía de un hemisferio cerebral sobre el otro en relación a determinadas funciones.

i) *Batería de Kephart* (1960). Las pruebas que integran esta batería consisten en ejercicios de marcha sobre un listón, en los cuales se examina el equilibrio del niño al caminar sobre una barra de madera de 2,5 a 4 metros de larga, de sección trapezoidal cuya base es el doble de su altura. A continuación debe recorrerla caminando hacia atrás sin darse vuelta y, finalmente, debe caminar de lado, primero de izquierda a derecha y luego de derecha a izquierda. Con este ejercicio también se observa la flexibilidad postural del niño y se obtiene información adicional respecto a la manera como se emplean los dos lados del cuerpo (lateralidad), al pedirle que camine de lado. La batería se administra individualmente y su evaluación es de tipo cualitativo.

5.4.3. *Evaluación de estilos cognitivos*

La evaluación psicopedagógica también incluye el análisis de los estilos cognitivos de los niños. Los estilos más estudiados son: a) la reflexión frente a la impulsividad, b) la dependencia frente a la independencia del campo, y c) la flexibilidad o rigidez en el control de la atención.

a) La *reflexión* frente a la *impulsividad* se evidencia cuando se solicita al niño efectuar una elección entre varias alternativas. Con ese fin, generalmente se utiliza el *test de emparejamiento de figuras familiares,* adaptado por E. Cairns y T. Cammock (1978).

b) El segundo estilo cognitivo que se ha relacionado con la hiperactividad es la dimensión *dependencia-independencia del campo.* En el estilo *dependiente del campo,* el modo de percibir el estímulo está influenciado por toda la organización del campo que lo circunda, y los componentes de ese contexto son percibidos en forma confusa o conformando un solo objeto que para el observador tiene significado en su totalidad. En el modo de percibir *independiente del campo* se distinguen las partes de éste como componentes discretos, dentro de un contexto organizado. Una metáfora que puede ilustrar la forma en que el niño percibe es que el *dependiente del campo* sería aquel que advierte el bosque y no los árboles, mientras que el *independiente del campo* vería los árboles pero no el bosque (Polaino-Lorente y Ávila, 2000).

Una prueba utilizado para valorar este estilo cognitivo es el *test de figuras enmascaradas para niños,* elaborado por Karp y Konstadt en 1963. En Chile, V. Rojas y J. Saavedra (2002) construyen el *test de figuras escondidas para adolescentes y adultos,* que mide la capacidad para percibir una figura dentro de un contexto complejo, rompiendo el campo visual y captando cada una de sus partes como independientes del todo. El objetivo de su construcción fue detectar los grupos que se desviaran más allá de media desviación estándar de la norma, con el objeto de adaptar para ellos técnicas de estudio más adecuadas.

El test consta de dos formas: A y B, cada una de ellas con siete ejercicios previos al test propiamente tal y veinte situaciones de identificación de las figuras escondidas. La aplicación se realiza en 20 minutos (adolescentes y adultos).

c) El tercer estilo cognitivo relacionado con la hiperactividad es el de *flexibilidad* o *rigidez,* y está más en conexión con el control de la atención; es decir, con la capacidad que el niño tiene para controlar los estímulos irrelevantes y omitir las respuestas incorrectas. Fue elaborado por Santostefano y Paley en 1964.

5.5. *Evaluación neurológica*

En la evaluación del SDA/H, el neurólogo representa un elemento central para el diagnóstico, debido a que la inmadurez neurológica está presente en la mayoría de los casos y también a que el tratamiento medicamentoso, en caso de ser necesario, debe ser indicado y controlado por él o, en su defecto, por el psiquiatra infantil.

Básicamente, evalúa indemnidad y madurez neurológica en relación a la edad y descarta otro tipo de condiciones médicas o componentes orgánicos que pudieran estar influyendo en la sintomatología actual del trastorno, tales como epilepsia, secuelas de meningitis, algún grado de retardo mental y otras secundarias a diversos cuadros.

La evaluación neurológica incluye también investigar la presencia de tics, evaluación de coordinación motora fina, impulsividad, dificultades atencionales, alteraciones del comportamiento, etc. El uso de instrumentos sofisticados, tales como electroencefalograma, mapeos cerebrales, neuroimágenes, etc., puede tener importancia para investigaciones, pero no se utilizan normalmente en la clínica. No existe en la actualidad ningún análisis de laboratorio con características de marcador biológico que permita confirmar el diagnóstico clínico.

La evaluación neurológica requiere también de la observación de signos neurológicos menores, como los que aparecen descritos en el *test discriminativo neurológico rápido,* de Sterling y Spalding, que se describe a continuación:

Tareas del test discriminativo neurológico rápido
Habilidad manual.
Reconocimiento y reproducción de figuras.
Movimientos manuales rápidos.
Reconocimiento de formas en la palma de la mano.
Llevar el dedo a la nariz con los ojos cerrados.
Hacer círculos con los dedos.
Estimulación doble y simultánea del dorso de la mano y de la mejilla.
Movimientos oculares.
Repetición de patrones de sonidos.
Extensión de brazos y piernas.
Andar con un pie detrás de otro, hacia delante y hacia atrás.
Estar de pie y saltar.
Discriminación derecha-izquierda.
Alteraciones del comportamiento durante la prueba.

(Pinto, 1998).

El examen neurológico presenta pocas alteraciones de envergadura en los niños con TDA/H, y éstas son inespecíficas. No obstante, al realizar un examen dirigido a evaluar funciones *neuromadurativas* y minuciosas dependientes de vías dopaminérgicas de la función cerebelosa y de la actividad del lóbulo parietal, aparecerán en el examen *signos blandos* con mayor frecuencia de lo que se da en la población general. Los signos blandos se traducen en dificultades menores de la coordinación motora fina y gruesa, tales como algunos movimientos involuntarios de tipo coreico, dificultades en la coordinación visoperceptiva y algunos problemas relacionados con la actividades rítmicas. En ocasiones, aparece contaminación de movimientos (sincinesias) (Pinto, 1998).

Estos signos blandos, de significación neurológica menor, son relevantes dentro del examen del niño con SDA/H, ya que son responsables, en parte, de las dificultades académicas y sociales que caracterizan el desempeño social de estos pequeños. Por ejemplo, la torpeza motora gruesa conduce a logros insuficientes en el área deportiva. La torpeza motora fina y algunos movimientos involuntarios predisponen problemas de disgrafía y dificultades para dibujar. Las dificultades en el ritmo explican mal desempeño en el área musical, baile, gimnasia, etc. Es decir, los signos blandos explicarían, en gran medida, la sintomatología asociada al déficit atencional, en sus aspectos motores finos y gruesos (Pinto, 1998).

En relación a la neuroimagen, el autor plantea que, aun cuando estas técnicas no constituyen todavía un aporte significativo al diagnóstico del TDA/H, algunos trabajos centrados en el estudio volumétrico del cerebro apuntarían a que los portadores de este síndrome tendrían un lóbulo frontal derecho más pequeño y un cuerpo calloso más corto y de menor volumen.

Aunque hay numerosos trabajos publicados en electroencefalografía y trastornos de aprendizaje, la evidencia sólo plantea una cierta tendencia a electroencefalogramas con menor gradiente izquierda-derecha, menor voltaje ocasional y una leve lentitud en los ritmos. Se trataría de un electroencefalograma con inmadurez bioeléctrica. En los últimos años, con los avances de esta técnica, se ha dado más importancia al mapeo cerebral y al análisis computacional de frecuencias, lo que permite realizar análisis más precisos de la maduración bioeléctrica cerebral y objetivar algunos signos en relación a procesos cognitivos y conductuales en niños con TDA/H. No obstante, en estos estudios los resultados no son claramente concluyentes.

Los estudios de flujo cerebral con SPECT muestran una disminución del flujo sanguíneo cerebral en el cuerpo estriado en las áreas premotoras y en las prefrontales superiores; este menor flujo se revertiría con medicamentos psicotrópicos-dopaminérgicos. Si bien los estudios con SPECT no son en la actualidad un examen de rutina, abren puertas interesantes a la investigación del TDA/H en la presente década.

Un estudio publicado recientemente (Sowell et al., 2003) proporciona detalles sobre las causas físicas que subyacen al síndrome TDA/H usando imágenes de resonancia nuclear de alta resolución (MRI). Estos estudios revelan que los pacientes afectados mostraban, bilateralmente, un reducido tamaño regional del cerebro en las porciones inferiores de la corteza prefrontal y anterior temporal. Registraron también un gran incremento en la sustancia gris en extensas porciones de los lóbulos posterior temporal e inferior parietal cortical.

Dentro del diagnóstico neurológico, también se utilizan algunos métodos de evaluación mecánica que consisten en la medición de la conducta hiperactiva a través de mecanismos automatizados para medir el nivel de actividad; éstos son los oscilómetros y las células fotoeléctricas. Sin embargo, estas técnicas mecánicas tienen las desventajas de no producir resultados comparables entre sí, en relación a las diferentes actividades, y no correlacionarse sus resultados con otras técnicas y otros instrumentos, como cuestionarios y la observación clínica. Estas técnicas tampoco han aportado datos significativos a la investigación, dado que no se cuenta, por el momento, con normas que permitan la interpretación de los datos que entregan.

5.6. Evaluación escolar

Para identificar convenientemente el síndrome se hace necesario hacer una evaluación apropiada de los comportamientos de los niños dentro de la sala de clases. Dado que los maestros son quienes identifican y rotulan mayoritariamente a los estudiantes, resulta de gran importancia valorar lo que ellos describen y la manera en que realizan las observaciones de sus alumnos.

En este punto es recomendable pedir un informe al colegio que incluya un resumen completo de su historia académica hasta el momento actual, en el que se especifique su comportamiento dentro del aula y se enumeren sus debilidades y fortalezas en cada una de las diferentes asignaturas cursadas.

Es común que los maestros envíen informes en los cuales expresan que el niño se aburre fácilmente, que todo lo deja empezado pero no lo termina, que comienza una actividad y a los pocos minutos la abandona y comienza otra. Lo anterior no responde necesariamente a falta de interés, sino que es el producto de sus dificultades para concentrarse y, por lo tanto, para persistir en la tarea iniciada.

Los reportes de los profesores coinciden en que llegan tarde a clase, escapan de ella cuando les es posible, no se centran en la tarea, se desorganizan y carecen de un adecuado plan de estudios, lo que los lleva a presentar trabajos a última hora, mal confeccionados, improvisados, etc. También hay coincidencia en que, independientemente de su potencial intelectual, sus ideas son confusas, sin mucha ilación, lo que interfiere su desempeño en tareas escolares.

En todos los casos resulta beneficioso hablar personalmente con el profesor jefe del niño y, de ser posible, también con otros profesores, de manera de comparar diferentes opiniones y percepciones sobre la conducta del alumno en distintos ambientes y estilos de hacer clase.

Además de esta entrevista, resulta de suma utilidad la observación del niño, tanto en el ambiente más estructurado de la sala de clases como asimismo en otros menos estructurados, como por ejemplo en el patio a la hora del recreo, donde es posible observar la forma en que se relaciona con sus compañeros y la manera en que juega. Se obtiene información sobre el estilo del colegio en cuanto a disciplina y metodología de enseñanza y la medida en que ambas responden a las necesidades del estudiante. Estas observaciones pueden ser informales, pero también es posible realizarlas en contextos más elaborados, mediante escalas de observación, a intervalos regulares predeterminados, lo que permite comparar la conducta del niño SDA/H con la de otros pequeños en similares situaciones.

5.6.1. *Escalas de observación*

Para efectuar el diagnóstico del síndrome existe una prueba clásica, denominada *test de Conners,* con dos versiones: una abreviada, la más usada en los colegios, y otra extensa, más utilizada en contextos clínicos (Conners, 1969), que en la actualidad forman parte de la *batería estandarizada* del Instituto Nacional de Salud Mental de Washington. La versión abreviada consta de 10 ítems que aportan información acerca de la tríada del síndrome, vale decir concentración, inquietud motora e impulsividad, y además entrega antecedentes sobre otras respuestas emocionales.

La *escala de Conners para padres* contiene 93 preguntas reagrupadas en ocho factores, que son los siguientes:

• Alteraciones de conducta.
• Miedo.
• Ansiedad.
• Inquietud-impulsividad.

- Inmadurez-problemas de aprendizaje.
- Problemas psicosomáticos.
- Obsesión.
- Conductas antisociales e hiperactividad.

La *escala para profesores* es más breve que la de padres y está compuesta de 39 preguntas, repartidas en seis factores:

- Hiperactividad.
- Problemas de conducta.
- Labilidad emocional.
- Ansiedad-pasividad.
- Conducta antisocial.
- Dificultades del sueño.

Conners modificó y abrevió ambas escalas construyendo finalmente un test que se compone de 10 ítems, con respuesta graduada de cuatro alternativas para detectar la presencia de los principales síntomas que reflejan TDA/H. Se recomienda aplicar esta escala antes y después de la administración de medicamentos para evaluar su efectividad. Cada pregunta describe una conducta de los niños que deberá ser valorada por los maestros y padres, de acuerdo con la intensidad y frecuencia con que se presenta la conducta. Para responder se proponen cuatro opciones: nada (0), poco (1), bastante (2), mucho (3).

Para calcular el puntaje final del niño se suman las puntuaciones obtenidas en el índice de hiperactividad de la escala que se muestra en el cuadro de la página siguiente.

Esta prueba tiene dos formas: una puede ser respondida por los maestros y otra que debe ser contestada por los padres. La prueba ha demostrado ser útil para el diagnóstico y para evaluar los efectos de los tratamientos farmacológicos. Según I. Orjales (2001), esta escala es de mayor utilidad para los niños cuyo principal problema es de tipo conductual, siendo menos efectiva para evaluar a los pequeños en los que predomina el déficit atencional.

El siguiente protocolo de la *escala de Conners para maestros* da cuenta del perfil de respuesta de un niño afectado con TDA/H. A través de esta escala es posible obtener un índice de déficit atencional con hiperactividad, sumando las puntuaciones obtenidas.

a) *Escala de evaluación para maestros* (Conners abreviado).

Nombre del niño o niña: Juanita.

Fecha: mayo de 2003.

	Un poco (1)	Bastante (2)	Mucho (3)
1) Tiene excesiva inquietud motora		X	
2) Tiene explosiones impredecibles de mal genio			X
3) Se distrae fácilmente, tiene escasa atención	X		
4) Molesta frecuentemente a otros niños	X		
5) Constantemente moviéndose en la silla	X		
6) Tiene aspecto enfadado, huraño			X
7) Intranquilo, siempre en movimiento			X
8) Es impulsivo e irritable			X
9) No termina las tareas que empieza		X	
10) Sus esfuerzos se frustran fácilmente		X	

Marque con una cruz lo que corresponda.

Las respuestas de la escala para padres de la familia de Juanita se presentan en el siguiente protocolo:

b) *Escala de evaluación para padres* (Conners abreviado).

Nombre del niño o niña: Juanita.

Fecha: mayo de 2003.

	Un poco (1)	Bastante (2)	Mucho (3)
1) Es impulsivo e irritable			X
2) Es llorón			X
3) Es más movido de lo normal		X	
4) No puede estarse quieto		X	
5) Es destructor (ropas, juguetes, otros objetos)			X
6) No acaba las tareas que empieza			X
7) Se distrae fácilmente, tiene escasa atención		X	
8) Cambia bruscamente sus estados de ánimo		X	
9) Sus esfuerzos se frustran fácilmente			X
10) Suele molestar frecuentemente a otros niños	X		

Marque con una cruz lo que corresponda.

5.7. La evaluación psiquiátrica

Dentro de los diferentes profesionales que pueden evaluar y tratar el SDA/H, el psiquiatra infantil también tiene un rol importante dentro del equipo interdisciplinario. Asimismo, desde la perspectiva psiquiátrica, el tratamiento multimodal es validado como el más efectivo. B. Sagasti y V. Boehme (2003) proponen una intervención y tratamiento en tres niveles: familiar, escolar e individual.

En el nivel familiar debe realizarse: a) psicoeducación, dando apoyo e información sobre el cuadro, y b) psicoterapia parental, dirigida a mejorar las técnicas de socialización.

En el nivel escolar hay que mantener contacto con el profesor entregando información y construir en conjunto con él y el equipo pedagógico pautas de manejo del niño dentro de la sala de clases. El trabajo conjunto con la escuela y el hogar, potenciando el efecto de las intervenciones, es aceptado y recomendado desde todas las perspectivas en que es posible abordar el tema de los niños SDA/H.

A nivel individual sugieren rehabilitación de funciones neuropsicológicas, si procede, así como psicoterapia que tienda a lograr mejor autocontrol, reconocimiento y manejo de emociones, habilidades sociales y el logro de una identidad positiva e integrada. El tratamiento farmacológico se iniciará luego que los padres y el paciente comprendan la finalidad del fármaco, sobre qué síntomas actuará y sus posibles efectos secundarios.

6. Resultados de investigaciones sobre la evaluación de la hiperactividad en contextos escolares

Dado que son los maestros quienes mayoritariamente detectan las conductas disruptivas de los niños afectados por TDA/H y los califican como hiperactivos, resulta de gran importancia valorar de qué manera ellos realizan las observaciones de sus alumnos. Por esta razón, los estudios realizados con relación a esta temática se han hecho cada vez más necesarios (Beltrán y Torres, 2002).

6.1. *Aproximación funcional para la evaluación de la conducta perturbadora en el salón de clases*

Surge a partir de observar las conductas de niños cuyas edades oscilaban entre los 6 y 9 años de edad y que cursaban el 1° y 2° grado de educación básica. Inicialmente se realiza una evaluación descriptiva del comportamiento de cada uno de ellos, planteando tres hipótesis acerca de las variables que lo mantenían: la atención del maestro, la de sus compañeros o la posibilidad de escapar de la sala de clases. Cada hipótesis fue seleccionada por el propio sujeto dependiendo de la descripción de la evaluación hecha por el maestro. Desde luego, cada uno eligió una hipótesis diferente de acuerdo a sus expectativas.

Entre las conclusiones más relevantes del estudio figura el que uno de los principales problemas que enfrentan los maestros es el de la evaluación de la hiperactividad en ambientes escolares o en el aula. Para lograr criterios más objetivos de valoración se describe un modelo de cuatro etapas, que consiste en: a) uso de técnicas de clasificación, b) evaluación multimodal, c) interpretación de resultados, y d) el desarrollo de un tratamiento.

La evaluación multimodal contempla: entrevistas con los padres de los niños y con sus maestros, la resolución de cuestionarios, observaciones directas de su comportamiento e información sobre su ejecución académica. El objetivo básico de este modelo es el de establecer un buen diagnóstico del alumno e implementar, en función de ello, un plan de tratamiento. Estas sugerencias son apoyadas por los planteamientos hechos por Atkins y Pelham (1991), quienes resaltan la necesidad del uso de múltiples medidas para evaluar adecuadamente la amplia variedad de síntomas asociados con el desorden de la atención con hiperactividad.

En la misma línea, R. Schachar, M. Sandberg y M. Rutter (1986) realizan un estudio en una sala de clases donde se registró la conducta de 33 niños de entre 6 y 7 años de edad. Las conductas objetivo registradas fueron: hiperactividad, inatención y comportamiento desafiante. Para ello utilizaron la escala de Conners para maestros. Los resultados muestran un alto grado de acuerdo entre la conducta observada y la registrada. Particularmente, el comportamiento de desafío hacia el maestro aumentó la probabilidad de que la hiperactividad y la inatención aumentaran de manera significativa. Estos resultados apoyan la validez de las escalas de conducta como instrumento para la detección de modos hiperactivos de comportamiento o de inatención.

De los estudios realizados se concluye la importancia de que la evaluación del comportamiento hiperactivo debe contemplar, entre otros aspectos, un análisis integral del ambiente que rodea al niño para identificar qué estímulos estuvieron asociados a la respuesta de hiperactividad y una evaluación que revele qué estímulos asociados a la conducta perturbadora ocurrieron con mayor frecuencia en los sitios de observación.

Se han realizado numerosos estudios destinados a evaluar las observaciones que los maestros hacían en el aula sobre las conductas de inatención, de hiperactividad y de agresión de sus alumnos. En general, los resultados mostraron que los profesores fueron capaces de discriminar, con un alto grado de precisión, las conductas relacionadas con el síndrome de inatención con hiperactividad, aunque sin duda existen dificultades en la clasificación y/o definición de las conductas de hiperactividad y de deficiencias en la atención, debido a que los síntomas se superponen.

Atkins y Pelham (1991) consideraron conveniente evaluar por separado las dimensiones de hiperactividad y de agresión. Para ello llevaron a cabo un estudio con 71 niños de 1° a 5° grado de educación primaria. Se utilizó una variación de la escala de Conners para maestros que fue aplicada a los profesores. Además, se emplearon otros métodos, como la observación directa en el salón de clases, un examen sobre la organización de sus mesas de trabajo, medidas de ejecución académica, nominaciones de popularidad o rechazo por parte de sus compañeros y medidas sociométricas. Los autores señalan que, a pesar de la moderadamente alta correlación entre los registros reportados por el maestro con las otras medidas, las evidencias proporcionan una validez diferencial sobre las medidas de ejecución académica y las de comportamiento inapropiado dentro del salón de clases y la conducta de juego.

Por su parte, J. J. Bauermeister (1992) llevó a cabo un estudio con niños puertorriqueños con el objeto de comparar y analizar los registros de los maestros sobre la conducta de niños y niñas con atención deficiente con hiperactividad y comportamiento desafiante, así como también de oposición, en dos grupos de sujetos. El primero de ellos lo integraban 665 pequeños de 4 y 5 años de edad, y el segundo estaba formado por 680 niños de entre 6 y 13 años. Todos habían sido referidos a los servicios psicoeducativos.

En el caso del primer grupo, el análisis de los registros aportó datos que sugieren algunos síntomas que pueden ser incluidos en todos los trastornos mencionados; en tanto que en el segundo grupo, los datos sugieren elementos de conducta un tanto polarizados, entre los que se encuentran: hiperactividad-impulsividad, inatención-distractibilidad y factores de conducta desafiante. Los hallazgos sugieren que la conceptualización unidimensional de los registros de los maestros es apropiada para los preescolares, pero no para los que están en edad escolar. La concepción bidimensional para el segundo grupo parece más apropiada.

Uno de los aspectos importantes relacionados con los niños hiperactivos es su capacidad de ajuste social con sus competencias académicas, las que generalmente son deficientes. M. Margalit y M. Caspi (1985) compararon competencia social y ajuste social en dos grupos. El primero estaba formado por 31 niños con dificultades de aprendizaje, mientras que el segundo lo integraban otros 52 que presentaban problemas de conducta.

Ambos grupos fueron subdivididos, a su vez, en dos subgrupos: uno con los que mostraban hiperactividad y otro con los que no la presentaban. Se utilizó un inventario de conducta en el salón de clases que incluía categorías como: hostilidad *vs* consideración, extraversión *vs* introversión, independencia *vs* dependencia. Se encontraron diferencias significativas entre todos los grupos, las cuales sugieren necesariamente que los maestros deben utilizar diferentes aproximaciones de intervención, dependiendo del tipo de grupo al que correspondan sus alumnos.

Otro aspecto que ha sido objeto de estudio es el que se refiere a los problemas de atención en el salón de clases, el cual ha sido abordado a través de la creación de habilidades paralelas. Para ello se realizó un estudio con 37 pares de niños, en el cual uno de sus miembros fue reportado por el maestro con buen nivel de atención y baja hiperactividad, mientras que el otro componente del dúo se reportó con pobre atención y alta hiperactividad (PH). Las parejas fueron igualadas por edad (de 5 y 6 años y de 9 y 10), así como por el sexo y por sus calificaciones en vocabulario.

La tarea a realizar consistió en mostrarles una serie de colores o formas, para que posteriormente, en una situación de prueba, las identificaran e igualaran los tonos. Los resultados demostraron una diferencia significativa entre los grupos. El grupo PH obtuvo resultados pobres en la prueba de los colores y formas, pero no lo fue tanto en la tarea de igualar los tonos. Los resultados sugieren que en este grupo los sujetos pudieron haber tenido dificultades en el procesamiento de información visual.

Los resultados de estos estudios empíricos muestran que no es posible igualar a todos los niños que presentan TDA/H dentro de la misma categoría, asignándoles las mismas características y síntomas. Sin duda, las diferencias interindividuales y entre los grupos son notables, como también lo son las diferentes formas en que se manifiesta el trastorno dependiendo de la etapa de desarrollo maduracional del individuo. Todo esto hace particularmente difícil el diagnóstico y enfatiza la necesidad de las aproximaciones multimodales y multidisciplinarias, tales como las que se presentan en este capítulo.

IV. Problemas asociados al SDA/H

Las principales áreas problemáticas asociadas al SDA/H son: a) déficit de atención, y b) hiperactividad-hipercinesia. Ambas conllevan, secundariamente, deficiencias en el control de las emociones, torpeza motriz, memorización, problemas de rendimiento escolar, de adaptación social y de autoconcepto o autoestima. A lo anterior se suma la impulsividad como una característica presente en la mayoría de los niños con SDA/H.

1. La tríada clásica: déficit atencional, hiperactividad e impulsividad

1.1. *Déficit de atención*

Los niños y adolescentes con SDA/H presentan escasa capacidad de atención sostenida y/o persistencia en la realización de tareas. Ellos deben realizar un esfuerzo para mantener la atención, por lo que no consiguen permanecer concentrados un tiempo similar al que pueden hacerlo otros niños de la misma edad.

Esto se evidencia claramente cuando se les pide que realicen tareas largas, repetitivas, rutinarias o carentes de atractivo para ellos. Con frecuencia, reportan que se cansan o se aburren con tales tareas y, como consecuencia, abandonan o cambian de una actividad a otra, sin finalizar ninguna. Pero de la misma manera, cuando realizan actividades que les resultan atractivas se distraen y cambian su atención hacia estímulos diferentes. Por lo tanto, aunque la consigna sea concentrarse en una tarea, y tengan interés por mantenerse atentos, no son capaces de hacerlo.

Una postura interesante en relación a las dificultades de atención en los niños hiperactivos es la de Cabanyes y Polaino-Lorente (1997), quienes plantean que estas dificultades se relacionarían más con una disfunción de la atención que con un déficit de atención en sí misma. Según estos autores, las principales características de la disfunción de la atención serían las siguientes:

- Los niños con déficit atencional tienen más dificultad en la atención controlada que en la atención automática. Es decir, los que realizan tareas automáticas no cometen más errores que los niños normales, pero cuando la tarea se hace más compleja al niño le cuesta más adaptarse a las nuevas consignas y mantener un buen rendimiento.
- A los niños hiperactivos les es más difícil distinguir los estímulos relevantes de los irrelevantes y, por lo tanto, la presencia de distractores los afectan; es decir, estos niños tendrían más problemas para distinguir figura-fondo.
- Tienen dificultad para mantener la atención en forma continua. Esto quiere decir que, mientras más larga es la tarea, cometen más errores y tardan más en responder. Esta característica se ha descrito como un empobrecimiento del rendimiento en los test en función del tiempo (Van der Meere et al., 1995). Una posible explicación es que se fatigan con mayor rapidez, siendo ésa la causa principal de que cometan más errores.

En síntesis, los criterios para SDA/H relacionados con problemas atencionales corresponden a dificultades para mantener la atención, para dirigirla a detalles relevantes de la situación, para escuchar al otro, para seguir instrucciones, para organizar tareas y actividades, planificar, realizar tareas que exijan esfuerzo mental mantenido, para recordar compromisos, etc.

1.2. *Hiperactividad*

Las personas con SDA/H se mueven de manera excesiva y aparentemente innecesaria para lograr los fines que desean. Parecen constantemente inquietas e infatigables. Realizan movimientos que no son estrictamente necesarios para completar una tarea, tales como mover los pies y las piernas, dar golpecitos a las cosas, balancearse mientras están sentadas o cambiar de postura o posición con frecuencia cuando realizan sus tareas. Estos movimientos son más frecuentes cuanto más aburrido les parece lo que hacen, o cuando, por ejemplo, están esperando algo o a alguien sin tener nada que hacer. Los más pequeños pueden hacer carreras, subirse a diversos lugares y otras actividades motoras gruesas. Se ha comprobado que estas conductas tienden a disminuir con la edad; sin embargo, los jóvenes con SDA/H son más infatigables e inquietos que sus compañeros.

En los adultos, esta infatigabilidad puede ser más subjetiva que observable externamente, aunque algunos continúan mostrando fuerte resistencia a la fatiga. Ellos reportan que tienen necesidad de estar siempre ocupados, haciendo algo y que se sienten incapaces de permanecer sentados por mucho tiempo.

Estas son las dos áreas problemáticas asociadas al trastorno de TDA/H. No obstante, estos déficits conllevan, secundariamente, retrasos en todos los aprendizajes que requieren procesos atencionales indemnes.

En general, los criterios para hiperactividad e impulsividad se refieren a la presencia de constantes movimientos en el asiento, necesidad de correr y saltar incansablemente (en los niños) en situaciones que dicha conducta es inadecuada, constante manipulación de objetos pequeños, etc. Esto se expresa también en que hablan sin parar y no terminan de escuchar la pregunta para responder. No esperan turnos, interrumpen juegos y conversaciones.

Frente a estos criterios, también es importante identificar factores desencadenantes y de mantenimiento y con qué maniobras cesan. De ese modo se podrá determinar si se trata de una hiperactividad situacional, es decir restringida a ciertos ambientes y como respuesta a determinados estímulos ambientales, o si se trata de una hiperactividad generalizada, vale decir que se produce independientemente del lugar, de los eventos en curso o de las maniobras que hagan los adultos para controlar la conducta del niño.

Las características y las formas de presentación de la hiperactividad varían de acuerdo a la etapa de desarrollo. En el preescolar, se refiere básicamente a una hiperactividad motora, que en algunos casos puede pasar inadvertida (o mejor tolerada) dentro del grupo de párvulos, naturalmente muy activos. En la etapa escolar, y debido a las restricciones que impone el sistema a la actividad del niño, la hiperactividad comienza a ser un problema para el niño y para el grupo, si a esto se suma que además habla mucho, mostrando una especie de *hiperactividad verbal.*

En el adolescente, la hiperactividad evoluciona a una sensación que ellos describen como de inquietud y dificultad para dedicarse a actividades sedentarias tranquilas. Aparece la angustia como consecuencia de sus dificultades.

1.3. *Impulsividad*

La impulsividad aparece como una característica muy compartida en los niños con SDA/H. Eso hace que se muestren impacientes y ansiosos cuando deben inhibir alguna respuesta en espera del momento adecuado o del turno. En esas situaciones sus respuestas son precipitadas e irreflexivas. A veces, comienzan a responder antes de que el profesor haya terminado de formular la pregunta, y sin haberla escuchado ni comprendido bien.

Sus conductas impulsivas los llevan también a realizar acciones precipitadas para alcanzar cualquier objeto que les resulte atrayente, sin evaluar las consecuencias ni la factibilidad de las acciones para alcanzarlo. Este puede ser uno de los motivos por los que la accidentabilidad fácil suele ser parte de su vida diaria.

En los más pequeños, la impulsividad se refleja en la esfera lúdica y oroalimenticia, es decir en los juegos y en trastornos de la alimentación. A medida que avanza en el desarrollo, se traslada al campo de las interacciones sociales y la comunicación.

La impulsividad es uno de los síntomas más persistentes y que se mantiene como una característica a lo largo de la vida. Junto a las conductas oposicionistas y agresivas, tiene las más altas probabilidades de producir rechazo entre los compañeros, los amigos, incluso en la familia de origen y más tarde la pareja y los hijos.

2. Deficiencias en el control de las emociones

Los niños y los adultos con TDA/H tienen dificultades para ejercer control sobre la intensidad de sus reacciones emocionales a los acontecimientos de su vida, en comparación con otros a su edad. No se trata de que las emociones que ellos experimentan sean inadecuadas, sino que las manifiesten públicamente con más intensidad y duración que los demás. Parecen menos capaces que otros para inhibir la manifestación de sus sentimientos, e incluso de regularlos. Como consecuencia es más probable que parezcan inmaduros, infantiles, alterables y con poca tolerancia a la frustración.

A este problema de regulación emocional se añade la dificultad que presentan a la hora de encontrar una motivación por las tareas que no tienen una recompensa inmediata o que no les resultan atractivas. Esta falta de capacidad para desarrollar una motivación intrínseca, con frecuencia les hace parecer carentes de autodisciplina, ya que no pueden realizar tareas cuyo resultado o recompensa no sea inmediata.

Muy relacionado con estas dificultades en la regulación de las emociones está la dificultad de regular su nivel general de activación ante las demandas situacionales. Les resulta sumamente difícil activarse para iniciar el trabajo que tienen que llevar a cabo. Con frecuencia, se quejan de ser incapaces de permanecer alerta, animados, en situaciones que les resultan aburridas y muchas veces parece que están soñando despiertos o ensimismados, cuando deberían estar más centrados o implicados activamente en una tarea.

3. Torpeza motriz

Se asocia a las personas con TDA/H con dificultades en el control fino de sus movimientos, por lo cual, en muchas ocasiones, se les hace participar en actividades de entrenamiento denominado *psicomotor*. La realidad es que este entrenamiento suele ser efectivo sólo en la medida que focaliza el control de la atención dedicada a sus movimientos corporales. Constituye, en esencia, otra forma de favorecer la focalización de la atención.

El niño, joven o adulto con TDA/H siempre se comportará con torpeza motriz, no porque tenga alguna deficiencia en las áreas de control motriz del cerebro y cerebelo, sino porque no pone suficiente atención en la regulación de sus movimientos.

4. Memorización

Recordar hacer cosas, cómo hacerlas y cuándo es una tarea de la memoria que requiere disponer de esa información en la memoria a largo plazo, esto es, haberla almacenado con anterioridad. Para poder almacenar en la memoria a largo plazo se necesita haberla conservado durante cierto tiempo en la memoria a corto plazo, de manera de procesarla, codificarla y almacenarla ordenadamente. Si no se pone suficiente atención cuando se está recibiendo la información, ya sea visual o auditiva o de cualquier otro origen sensorial, no es posible almacenarla y, por lo tanto, es imposible recuperarla.

La insuficiente atención mantenida sobre la información a guardar en la memoria de largo plazo y los cambios de la atención hacia diferentes estímulos explican las deficiencias de memoria, sin necesidad de presuponer una alteración en estos procesos con respecto a otros niños o adolescentes. Vale decir que los niños con TDA/H no tienen necesariamente alteraciones o déficits mnémicos que expliquen su pobre desempeño en tareas de recuerdo, sino que la dificultad reside en la forma en que procesan y/o codifican la información.

5. Variabilidad o inconsistencia temporal

Es muy característico de estos niños (y también adolescentes y adultos) la considerable variabilidad en su rendimiento. Estas variaciones se relacionan con la calidad, cantidad e, incluso, con la rapidez en su trabajo. Fracasan de un momento a otro a la hora de mantener un determinado patrón de productividad y precisión en su rendimiento. Tal variabilidad es, con frecuencia, desconcertante, ya que está claro que una persona con SDA/H puede completar su trabajo de una manera rápida y correctamente en una ocasión, mientras en otra lo realiza de una manera pobre, imprecisa e incorrecta.

Es posible que ocasionalmente, ya sea por incentivos o por amenazas de castigo, el niño o adolescente realice un esfuerzo especial logrando un buen resultado, pero en ningún caso eso garantiza que sea su forma habitual de trabajo o que deban esperarse resultados similares a futuro.

Los factores motivacionales y las características de la tarea son importantes como mediadores en el rendimiento en la mayoría de los niños; sin embargo, en el SDA/H, estos factores tienen un peso mayor. Es probable que las fluctuaciones en el rendimiento se relacionen con el mayor o menor esfuerzo y energía que pongan al servicio de la tarea, dependiendo de las características de la misma.

6. Problemas de rendimiento escolar

El rendimiento escolar constituye una experiencia de vida que tiene un enorme impacto en la vida emocional del niño y de su familia. El éxito o fracaso en esta área determinan no sólo el bienestar psicosocial del niño durante su infancia y adolescencia, sino que tiene efectos en su imagen personal, la que, a su vez, repercute significativamente en su vida adulta.

Los niños con TDA/H tienden a mostrar un rendimiento inestable y a fracasar en el colegio, independientemente de sus capacidades. El síndrome se asocia, generalmente, con trastornos de aprendizaje que no son detectados, ya que las características asociadas al síndrome ocultan otros problemas. Esto lleva a una disminución significativa de la autoestima, secundaria a experiencias de fracasos reiterados

Dado que el TDA/H debuta tempranamente en la historia del niño, su presencia suele favorecer la aparición de retrasos o fracasos escolares. En general, todos los aprendizajes requieren que la persona mantenga la atención en intensidad (nivel de activación) y tiempo suficientes como para establecer la relación entre su comportamiento ante un estímulo y las consecuencias que obtiene por tal comportamiento.

Cuando se combinan los efectos del déficit atencional y de la hiperactividad con déficits cognitivos, problemas para recordar y usar la memoria de trabajo, déficit de regulación de las emociones y torpeza motriz, necesariamente aumentan los riesgos de retraso o fracaso escolar.

Un grupo especial de niños con déficit atencional lo constituyen los que tienen un alto coeficiente intelectual. Según Céspedes (s/f), son niños cuyo perfil psicológico es muy disarmónico, que tienen muy desarrollados los procesos asociativos de abstracción y con importante disarmonía entre el desarrollo intelectual y la madurez emocional. Según esta autora, los sobredotados presentan un riesgo adaptativo derivado del desfase que se va produciendo entre su capacidad intelectual, su rendimiento escolar y su precaria capacidad adaptativa.

Los déficits intelectuales aumentan el riesgo de no aprender al ritmo del grupo de compañeros y de acumular en forma progresiva retrasos curriculares que, de no recibir ayuda complementaria, pueden llegar a constituir un auténtico fracaso escolar. La relación entre el síndrome y el rendimiento escolar puede graficarse dentro del modelo de un círculo que tiende a autoperpetuarse: el fracaso genera sentimientos de incompetencia, los que a su vez generan expectativas de fracaso que hacen disminuir los esfuerzos del niño. Desde esta perspectiva, el niño SDA/H ha sido descrito como más desesperanzado frente al aprendizaje que sus pares sin dificultades.

6.1. Rendimiento escolar SDA/H y TEA

Resulta especialmente comprometido el rendimiento escolar en niños en que los trastornos específicos de aprendizaje (TEA) se asocian o se presentan en comorbilidad con el SDA/H. El fracaso suele ser el resultado de aprendizajes incompletos o incorrectos de habilidades básicas para un buen rendimiento académico, tales como la lectura, la escritura, la expresión escrita, etc., lo que, sumado a las conductas propias del SDA/H, hace que las dificultades de cada cuadro se potencien mutuamente.

La coexistencia de SDA/H y trastornos de aprendizaje, presente en alrededor del 50% de los casos, puede definirse como un problema entre el niño y la exigencia o tarea a realizar (Douglas, 1989), de manera que la dificultad no reside en un trastorno del tratamiento de la información, sino en un deficiente autocontrol, al tratar de utilizar las habilidades cognitivas.

A continuación se presenta una comparación de los síntomas característicos de estos dos cuadros para cada una de las etapas del desarrollo hasta la adolescencia.

Cuadro comparativo de SDA/H y TEA en diferentes etapas de desarrollo

Etapa	SDA/H (Förster, J. 2004)	TEA Criterios de la Asociación Británica de Dx. (Chadwick, 2003)
Menos de 3 años	Historia familiar con antecedentes de SDA/H. Apenas adquiere la marcha, tiende a *correr,* muchas veces sin detenerse ante los peligros o los obstáculos que encuentra en su camino. Parece no tener temor ante nada. La inquietud aumenta: corre, se desplaza de un lado a otro, salta y brinca en el lugar cuando se detiene. No persevera en los juegos, *"no se entretiene con nada".* Rompe los juguetes.	Historia familiar de problemas disléxicos. Todavía no aprecian manifestaciones detectables clínicamente.
Preescolar (3 a 5 años)	La conducta se torna demandante, especialmente hacia los adultos. Constantemente pide cosas y se impacienta si no se le hace caso en sus peticiones. Comienza a mostrarse oposicionista y desafiante. Persiste la tendencia a constantes cambios de actividad. Se muestra incapaz de entretenerse solo, no se adapta a juegos grupales. No tolera la frustración al perder, el esperar turnos, el ajustarse a reglas. Los padres reportan que es difícil enseñarle normas de convivencia, límites, rutinas, etc., debido a que el niño pareciera que no responde a premios ni castigos.	Retraso en aprender a hablar con claridad. Confusiones en la pronunciación de palabras con fonética semejante. Falta de habilidad para recordar el nombre de cosas en serie (por ejemplo, los colores, los días de la semana y los meses). Confusión en el vocabulario que se relaciona con orientación espacial (arriba, abajo, a la derecha, a la izquierda). Aptitud para la construcción y juegos técnicos, como el lego y los bloques. Es decir, mayores habilidades manuales que lingüísticas. Dificultad con las secuencias.

Etapa	SDA/H (Förster, J. 2004)	TEA Criterios de la Asociación Británica de Dx. (Chadwick, 2003)
Preescolar (3 a 5 años)	Ingresa al jardín infantil; sus problemas en el hogar empiezan a manifestarse fuera de ese ámbito: no acata normas ni sigue instrucciones en el jardín.	
Escolar de 1er ciclo básico (6 a 9 años)	Problemas de comportamiento en el jardín dejan paso a los problemas en el colegio con más intensidad, debido al aumento de las exigencias. Problemas de rendimiento, derivados de su estilo conductual y cognitivo impulsivo y básicamente de su distractibilidad. Emocionalmente, muestra escasa tolerancia a la frustración y su autoestima experimenta un notable detrimento.	Particular dificultad para aprender a leer y escribir. Persiste tendencia a escribir números en espejo o en la dirección equivocada. Dificultades para distinguir derecha e izquierda. Dificultades para aprender el alfabeto, tablas de multiplicar y, en general, para aprender secuencias. Falta de atención y concentración. Alternancia de días *buenos* y días *malos* para aprender. Baja tolerancia a la frustración, posible inicio de problemas de conducta.
Escolar de 2º ciclo básico (9 a 12 años)	Los problemas del primer ciclo de básica (siempre dependiendo del manejo) tienden a cronificarse y, en algunos casos, a aumentar en intensidad.	Continuos errores en lectura oral y, a veces, en comprensión lectora. Problemas de comprensión del lenguaje oral y escrito. Escritura con múltiples errores de ortografía. Por ejemplo, omisión y confusión de letras. Dificultad para copiar cuidadosamente de la pizarra en el cuaderno. Dificultar para seguir instrucciones orales. Aumento de la falta de autoconfianza y de la fragilidad frente a la frustración.

Etapa	SDA/H (Förster, J. 2004)	TEA Criterios de la Asociación Británica de Dx. (Chadwick, 2003)
Escolar de 2° ciclo básico (9 a 12 años)	Problemas conductuales: impulsividad, margen corto de atención-concentración.	
Más de 12 años	El síndrome persiste en la adolescencia y la adultez. Un subgrupo desarrolla conductas antisociales y/o abusa de alcohol y drogas. Muchos presentan problemas escolares persistentes. Su impulsividad facilita altas tasas de accidentabilidad. Algunos superan el problema atencional y no tienen dificultades posteriores.	Tendencia a la escritura descuidada, a veces incomprensible. Inconsistencias gramaticales, errores ortográficos y problemas de grafías. Dificultad para planificar y redactar relatos o composiciones escritas. Gran dificultad para el aprendizaje de lenguas extranjeras. Baja comprensión lectora. Aversión a la lectura y la escritura. Baja autoestima.

7. Problemas de adaptación social

El retraso en habilidades cognitivas que le permitan regular su comportamiento contribuye a que tenga problemas para seguir instrucciones, para cumplir normas, para llevar a cabo sus propios planes e, incluso, para actuar de acuerdo con los principios morales esperables a su edad y nivel de desarrollo cognitivo.

De hecho, el niño con SDA/H, con mucha frecuencia se comporta de manera desagradable para los demás, por lo que suele recibir un elevado número de recriminaciones verbales y gestuales (cuando no de castigos físicos) desde los primeros años de su vida. Tanto en su hogar como en la escuela es percibido por los adultos y los iguales como un niño *incómodo,* difícil de tratar. Con el tiempo, puede resultarle cada vez más complicado establecer y conservar amistades.

No obstante, los riesgos de delincuencia, consumo de drogas, conductas sexuales precoces y otros asociados a este trastorno parecen relacionarse más estrechamente con comorbilidad y otras variables sociológicas que con el SDA/H, que debe considerarse como un factor disposicional del individuo que incrementa los riesgos generales, pero que no los ocasiona.

8. Problemas emocionales

Con frecuencia, el niño con SDA/H muestra indicadores de ansiedad y estrés. Normalmente, estos indicadores son el resultado de las exigencias que percibe, provenientes de diversos ámbitos y áreas: casa, calle, colegio, estudios, conducta social, relaciones con padres, hermanos, profesores, compañeros, etc.

Estas reacciones emocionales contribuyen, en ocasiones, a dificultar un diagnóstico diferencial, ya que los factores de estrés a lo largo de la infancia y la adolescencia son múltiples, variados y muy frecuentes. Las hiperexigencias educativas de padres y profesores, las tensiones familiares, los celos de los hermanos, incluso las dificultades escolares, constituyen factores de estrés intensos, frecuentes y muy generalizados en esta etapa del desarrollo personal.

Como consecuencia del estrés real o percibido, todos los niños pueden mostrar falta de concentración en sus tareas, ausentes, inquietos, nerviosos, con movimientos excesivos e innecesarios, torpes y desobedientes, por lo cual fácilmente podrían ser identificados como SDA/H, cuando la realidad es que solamente comparten con esta clase de niños el hecho de estar sometidos a tensiones emocionales crónicas.

D. Yasutake y T. Bryan (1995) descubrieron que un estado de ánimo negativo en los niños tiende a producir un bajo nivel de procesamiento cognitivo, lo que disminuye su eficiencia en el procesamiento de la información. Estos investigadores plantean que al estar los niños expuestos continuamente a fallas académicas y sociales, tienden a crear problemas cognitivos adicionales que influyen en forma negativa en sus aprendizajes. Desde esta perspectiva, una alternativa para ayudar a los niños a enfrentar sus dificultades sería la inducción de estados emocionales positivos, los que podrían tener un impacto beneficioso en el aprendizaje. Ambos autores señalan que se ha encontrado una correlación positiva entre estados afectivos y procesos cognitivos.

8.1. *Autoestima y autoconcepto*

Como consecuencia de la acumulación crónica de frustraciones y castigos, en su mayor parte dirigidos a su persona y no sólo a su comportamiento inadecuado, el niño suele llegar a la preadolescencia con un deficiente autoconcepto y una escasa autoestima.

Prácticamente en la mayoría de estos niños aparecen comprometidas todas las áreas de la autoestima, siendo las más afectadas la autoestima académica (el niño experimenta fuertes sentimientos de incompetencia) y minusvalía intelectual, especialmente cuando el cuadro se asocia con bajo rendimiento escolar.

También se afecta la autoestima ética, ya que el niño recibe con frecuencia críticas por sus faltas, olvidos y equivocaciones, que son generalmente calificadas por el adulto como falta de responsabilidad. A raíz de estas críticas, el niño comienza a autopercibirse como irresponsable y no como alguien que tiene problemas de atención. El riesgo más importante en el área de la autoestima moral se relaciona con que el niño desarrolla un autoconcepto negativo que lo tenderá a actuar en forma consistente con esa imagen de sí mismo.

Es importante recordar que la mayor parte de las veces que se critica al niño, no se logra que modifique su conducta. El pequeño considera que se critica su persona, lo que a todas luces es imposible de modificar de un momento a otro por el simple deseo de hacerlo.

Para A. Céspedes (2003), el motor del éxito, del logro, de la motivación y del entusiasmo es la autoestima. La autora caracteriza la autoestima como el *sentimiento del propio valer* y *del propio poder,* lo que incluye un discurso personal asociado a cada uno de estos sentimientos.

Sentimiento del propio valer:

a) *Yo tengo cualidades y me las reconocen,* es decir, incluye la opinión de los otros significativos. Todavía el niño no es capaz de experimentar y sentir en forma independiente su propio valor.

b) *Yo tengo defectos, pero me aceptan como soy.* Esto implica aceptarse a sí mismo, con sus defectos y sus limitaciones. Al igual que en el punto anterior, la aceptación de las propias limitaciones pasa porque el otro, en este caso el adulto significativo, las acepte y le haga saber que las acepta.

c) *Lucharé por mejorar para ser aún mejor.* Si ocurre lo anterior es muy posible que el niño, consciente de su valor, se atreva a luchar por superar una situación desfavorable. El tema de la desesperanza aprendida, y de la perpetuación de las dificultades, se relaciona estrechamente con esto.

Sentimiento del propio poder

Puede resumirse como *"yo soy capaz de producir cambios en mí, de crecer intelectualmente y como persona, y ponerme metas y alcanzarlas".*

La confianza en el propio poder descansa sobre el discurso infantil de que *"mis padres, mis profesores y mis amigos me ayudan a reconocer mis errores y a superarlos, ellos creen en mí, me valoran y me animan a ser cada vez mejor".*

Lo anterior muestra una vez más la importancia que tiene para el niño el que su autoestima y su autovaloración se mantengan a pesar de los problemas que pueda tener en sus interacciones con el medio, y ésa es una tarea cuya responsabilidad recae especialmente en los adultos.

M. I. Haeussler y N. Milicic (1995) plantean que los niños con dificultades para aprender constituyen un grupo con alto riesgo de tener una autoestima negativa, debido al efecto de sus reiteradas experiencias de fracaso y a la frecuente reacción negativa del ambiente frente a sus dificultades.

Jorge, de 30 años, dice: *"Recuerdo mis años escolares como una pesadilla. Siempre me sentí evaluado, criticado y muy incompetente para realizar las tareas escolares. Con frecuencia pensé que era menos inteligente que mis compañeros, a pesar de que mis padres y la psicóloga que me atendía insistían en que yo era inteligente.*

Estar quieto en la silla era para mí un suplicio. Muchas veces me sentí humillado por mis compañeros, y especialmente por mis profesores, que me llamaban la atención con mucha frecuencia o ridiculizaban mi comportamiento poniéndome sobrenombres. Todavía soy conocido como 'Jorge el ricotín' o 'el movimiento perpetuo'.

Hasta el día de hoy, en situaciones laborales, las instancias de evaluación me producen ansiedad y tiendo a sentirme menos capaz que mis compañeros".

Los estudios realizados con adolescentes, jóvenes y adultos con este problema ponen muy claramente de manifiesto la correlación entre el problema y el mal ajuste social y personal.

Por otra parte, la persona con SDA/H manifiesta desde la primera infancia un deseo intenso de agradar a los demás y de recibir aprobación social por lo que hace. Cuando participa en un programa de entrenamiento en cualquier habilidad se entrega con enorme ansiedad, lo que muchas veces es un factor de riesgo para que fracase nuevamente. Por ello, no se debe permitir que él establezca objetivos, sino que se deben parcelar y dosificar de modo que, al ir constatando que puede aprender y mejorar, su autoconcepto mejore y aumente su autoestima.

Los riesgos de que el niño se forme una autoestima negativa no sólo implican sufrimiento durante su infancia, sino que pueden permanecer como efectos perversos en la adolescencia y en la vida adulta. Algunos de los efectos descritos (Milicic, 2003) son los siguientes:

- Excesiva tolerancia a las descalificaciones, a las faltas de respeto y al maltrato.
- Descuido de la propia persona en el área de la salud, de la presentación personal y de la planificación de los proyectos de vida.
- Tendencia a olvidar o postergar las propias necesidades.
- Dificultad para hacer respetar los propios espacios.
- Una autocrítica intensa que puede resultar paralizante para emprender proyectos.
- Dificultad para aceptar elogios, reconocimientos y regalos.
- Sentimientos permanentes de minusvalía e inferioridad que pueden llevarlo a hacer elecciones bajo lo esperado para su nivel en aspectos relacionados con trabajo, estudio o pareja.

*Matías fue traído por sus padres a con-
sultar por primera vez a pedido del colegio
cuando tenía seis años y cinco meses y
cursaba primer año básico. La queja
del colegio era su dificultad para mantenerse quieto y concentrado, asociado
a conductas disruptivas que interferían el
trabajo de sus compañeros y negatividad
a seguir las instrucciones, lo que redun-
daba en que su trabajo escolar fuera
descuidado, aun cuando las profesoras
lo consideraban un niño muy inteligente.*
*El año anterior había estado en un jardín infantil bilingüe donde
había tenido problemas similares, a raíz de lo cual le sugirieron cam-
biarse a un colegio más pequeño, por si con un mayor control lograba adaptarse a las demandas de la situación escolar. No obstante, a
pesar de la buena disposición del colegio, Matías no lograba adecuarse a las exigencias académicas ni a las rutinas escolares. Surgen
quejas de los padres de sus compañeros por conductas agresivas. Los
padres reciben frecuentes comunicaciones de parte del colegio, por
conductas impulsivas muy evidentes. Sin embargo, Matías no parecía
darse cuenta de que había actuado mal.*

*Matías es un niño inteligente. Obtuvo un coeficiente intelectual
de 114 en el test de Wechsler para niños, observándose sólo un rendimiento discretamente por debajo de lo esperado en el subtest de dí-
gitos, que mide atención y concentración, y en algunas respuestas que
denotan impulsividad en la prueba que evalúa la capacidad de adecuación a situaciones sociales.*

*Su nivel de inteligencia verbal es alto, tiene un vocabulario exce-
lente y un nivel de información mayor que el esperado para su edad
cronológica. El reporte de la profesora es que el niño se arrepiente de
inmediato de lo que ha hecho, pero que la frecuencia de estos comportamientos agresivos no sólo perjudica a sus compañeros, sino también
a él. Estaba siendo marginado de los juegos y le habían puesto el apo-
do de "Matías el molestoso". El niño se ponía muy triste por la situación y como tenía muy baja tolerancia a la frustración, cuando se sen-*

tía excluido reaccionaba en forma agresiva, con lo que sus dificultades sociales iban en aumento al involucrarse frecuentemente en conflictos. La explicación del niño era: "No sé por qué se me ocurre hacer tantas cosas malas, cuando se me viene la idea no me doy cuenta que es malo". Como no reflexionaba antes de actuar, sólo las consecuencias de sus actos le hacían darse cuenta de que había actuado mal.

Matías interrumpe frecuentemente a sus compañeros y los aburre con unos discursos excesivamente largos y poco estructurados. Esta fortaleza que constituye su inteligencia verbal no rinde los frutos esperados.

Se le solicitó a la profesora que respondiera el test de Conners abreviado para profesores, y la respuesta fue la siguiente: "Matías es un niño afectivo, inquieto y creativo, pero su impulsividad e inquietud motora le crean conflictos frecuentes con sus compañeros. A pesar de su inteligencia, su rendimiento escolar es insuficiente debido a que le cuesta prestar atención. Es necesario ayudarlo para que comience sus trabajos, y con frecuencia los deja sin concluir".

Sobre la base del examen clínico se envió a Matías a interconsulta con el neurólogo, quien diagnosticó un cuadro de déficit atencional con hiperactividad y le indicó tratamiento medicamentoso. Junto con el fármaco se realizaron con Matías algunas sesiones de psicoterapia orientadas a favorecer su autocontrol y sus habilidades sociales, así como a fortalecer su autoestima, que se encontraba dañada por sus continuas experiencias de fracaso, crítica y rechazo. Se dieron indicaciones a la familia para mejorar la comunicación padres-hijo, así como sugerencias orientadas al desarrollo de formación de hábitos.

Paralelamente, el colegio se comprometió en una estrategia de reconocimiento y validación de los esfuerzos y progresos del niño. La sinergia lograda entre el efecto de los medicamentos y el tratamiento psicológico tuvo resultados, y ya al mes la profesora informó que Matías:

– Estaba mucho más tranquilo.

– Permanecía en la clase sin arrancarse.

– Respetaba los turnos la mayor parte de las veces.

– No le quitaba la colación a sus compañeros.

– Era capaz de hacerse cargo de sus útiles escolares.

– Había mejorado la letra.

A fin del año su rendimiento había mejorado. Con apoyo psico-pedagógico logró aprender a leer y, aunque manifestaba bastante re-chazo a la escritura, logró escribir una carta para el viejo pascuero. Durante las vacaciones leyó por su propia voluntad libros sobre los viajes espaciales, que es un tema que le apasiona. Para satisfacer los intereses del niño, los padres tuvieron que visitar bastantes librerías y buscar en Internet, ya que el tema sobre el que Matías quería leer no era fácil de encontrar. Pero en esta búsqueda esforzada, los pa-dres le estaban dando un mensaje acerca de la importancia del es-fuerzo y también en lo referente a cómo ellos valoraban su interés por la lectura.

En el control neurológico de fin de año, si bien continuaba pre-sentando signos blandos, se observó un mayor interés por superar sus dificultades, en especial las de autocontrol. Se le suspendió el medi-camento por las vacaciones, con la indicación de reinstalarlo al co-mienzo del año escolar.

En gran medida, los positivos efectos del tratamiento deben ser atribuidos a la activa participación de los padres, quienes, además de llevarlo a los especialistas que se les indicaron, implementaron un sistema de hábitos de vida y de estudio bastante regulares, le fomen-taron el interés por la lectura y siguieron las indicaciones dadas por los especialistas para ayudarlo a controlar su impulsividad, especial-mente a través del manejo de las consecuencias de sus actos. Además, trabajaron en el reconocimiento y validación de las fortalezas del ni-ño y pusieron mucha atención en valorar sus progresos como pro-ducto de su esfuerzo, de manera que terminó su año escolar con una autoestima académica positiva.

9. La creatividad en personas con SDA/H

El tema de la creatividad se incluye en el capítulo *Problemas* de-bido principalmente a que sus capacidades creativas se ven limitadas en su realización por características propias del cuadro. Estas limita-ciones se relacionan con capacidades que posibilitan el llevar a cabo y realizar las ideas y los proyectos creativos.

Los estudios sobre creatividad (evaluación de la creatividad y otros) presentan dificultades inherentes, en primer lugar, a la definición del término: qué se entiende por creatividad, qué se entiende por pensamiento creador, qué se considera una creación, se considera o no la utilidad que pueda tener ese producto, su originalidad, etc. Una definición muy amplia de creatividad podría ser una tendencia a *ver* los elementos, los objetos, los eventos vitales, de manera distinta, a combinarlos de forma no convencional, a configurar las ideas de diferentes modos.

Según muchos estudios, componentes del funcionamiento psíquico de los niños y los adultos con SDA/H favorecen la creatividad. En primer término, ellos toleran el caos en mejor forma que el resto, dado que viven *bombardeados* por gran cantidad de estímulos ambientales simultáneos, sin filtrar lo extraño de lo que no lo es. Por raro que parezca, esto puede favorecer el proceso creativo, que implica convivir y buscar lo raro, lo original, lo desconocido.

Al estar en la tensión de lo desconocido, puede también dejar lugar para lo nuevo. Si se restringen las ideas porque parecen extrañas, fantasiosas, desordenadas o poco factibles, entonces las nuevas formas de hacer las cosas, las ideas originales y creativas permanecerán ocultas. Cuando alguien con SDA/H recibe un estímulo de alguna clase (imagen, frase, idea, pregunta), es posible que no se sitúe de inmediato en la perspectiva correcta de análisis. Muchas veces, le va a costar encontrar esta perspectiva *correcta* desde donde pensar la respuesta. Es posible que, en vez de eso, el estímulo le active muchas otras ideas, lo que puede confundir y confundirlo a él. Sin embargo, esto que puede ser considerado como un problema en términos convencionales, puede también facilitar respuestas creativas y novedosas.

Otro síntoma central del cuadro es la impulsividad. Sin embargo, ésta, además de todas las connotaciones negativas que se le asocian, de alguna manera también sirve a la creatividad. Los pensamientos creativos no se planifican, aparecen sin horarios ni calendarios. Es decir, surgen de un impulso, no de un curso de acción planificado. Se pueden optimizar las oportunidades de que se manifiesten los pensamientos creativos, pero la frase, la idea, surge de alguna parte de manera inesperada.

Una tercera ventaja que favorece la creatividad es su capacidad de estar atento a todo, incluso muchas veces teniendo su atención intensamente focalizada en algo. Esto parece contradictorio con *déficit* de la atención, sin embargo lo que ocurre es que a ellos les resulta difícil amarrar, fijar su atención en algo o en alguien, pero una vez que lo logran pueden permanecer largo rato concentrados, independientemente de lo que suceda a su alrededor (Hallowell y Ratey, 1995). Esta capacidad de hiperfocalizar puede ser un facilitador de la creación de nuevas ideas, relaciones, etc.

La hiperreactividad, una característica clásica del síndrome muy relacionada con la hiperactividad, es otro factor que favorece la creatividad. Ellos son igualmente reactivos aunque permanezcan relativamente quietos: su cerebro suele ser en esos momentos una verdadera tormenta de ideas, que favorece la creatividad porque incrementa la cantidad de relaciones y *choques* entre las ideas.

El desafío es manejar estas capacidades en forma productiva, y el problema es la falta de capacidad para planificar hacia un objetivo, de manera de llevar a la práctica estas ideas.

V. Diagnóstico diferencial y comorbilidad

La diferencia entre diagnóstico diferencial y comorbilidad, para el caso del SDA, no siempre es muy precisa. Si los síntomas centrales del SDA/H se pueden explicar por otra condición, entonces la otra condición amerita el diagnóstico, aunque siempre queda la duda de si ambas condiciones pueden estar coexistiendo y contribuyendo al clínico que presenta el niño (adolescente, adulto). En este caso, se considera que hay comorbilidad del SDA/H y la otra condición (Hechtman, 2000).

La superposición de síntomas con varios otros cuadros y la frecuente comorbilidad, sumado a las diferentes formas de presentación y subtipos del SDA, dificulta en forma significativa el diagnóstico diferencial del cuadro.

La necesidad de diagnosticar en forma acuciosa es importante para la medicación, el manejo de la comunicación con otros, rehabilitación y el pronóstico.

Un análisis descriptivo basado en limitaciones y fortalezas en cuanto a desarrollo motor, destrezas cognitivas, habilidades sociales y relacionales y capacidad de adaptación a diferentes ambientes, puede aparecer como más conveniente que el correspondiente rótulo con el nombre de un cuadro clínico o síndrome determinado. Se suma a esto que, especialmente en el caso del SDA, hay diferencias importantes en sus manifestaciones clínicas, dependiendo de la etiología, de los recursos del niño, inteligencia, adaptabilidad, motivación, entorno, contexto familiar, etc.

Cuando se plantea la posibilidad de SDA se debe realizar una evaluación clínica rigurosa tendente a descartar enfermedades que presentan como síntoma o manifiestan en su inicio o evolución un problema de falta de atención o dificultad en la concentración, o trastornos conductuales o motores que pueden confundirse con lo característico del SDA/H, dado que este síndrome comparte peculiaridades con otros cuadros.

Hay que atender especialmente a niños que no han presentado problemas, hasta que comienzan a bajar sus niveles de rendimiento estudiantil y su capacidad de concentrarse en las actividades escolares. Es posible que este progresivo deterioro se deba al aumento de las exigencias para un niño de inteligencia limítrofe o normal lenta (y sus consiguientes correlatos cognitivos, tales como dificultades de planificación), o que se trate de otras enfermedades neurológicas o psiquiátricas (Avaria, 1998).

Para el diagnóstico diferencial es necesario descartar componentes orgánicos, tales como X Frágil, y otras patologías de origen genético y que en sus etapas tempranas presentan síntomas que imitan el SDA.

Comorbilidad

Se estima que más del 50% de los niños con SDA/H presentan comorbilidad con otras psicopatologías, y que esta comorbilidad tiende a incrementarse con el tiempo. Los rangos de comorbilidad que registra la literatura varían dependiendo de la edad, el sexo y la fuente de donde se obtengan. Las diferencias, dependiendo de la edad especialmente, son muy significativas, por lo que las cifras suelen ser solamente aproximativas. Por ejemplo, en la adolescencia, la comorbilidad con trastornos de conducta y depresión frecuentemente aumenta en relación a etapas anteriores.

El cuadro que se presenta ilustra la alta incidencia de comorbilidad del SDA/H.

Otra condición	Porcentaje de comorbilidad (aprox.)
Trastorno oposicionista desafiante	30-40%
Trastorno de conducta (7 a 9 años)	14,3%
Depresión	9-38%
Desórdenes por ansiedad	25%
Trastorno bipolar	12-14%
Trastornos específicos de aprendizaje	9-30%

El detectar cuadros comórbidos es crucial para el diagnóstico, en la medida que el cuadro asociado afecta la expresión de los síntomas, el pronóstico y la respuesta al tratamiento. Muchos estudios sugieren que la comorbilidad se relaciona con mayor persistencia del SDA/H y con respuestas diferentes a los tratamientos farmacológicos. Por ejemplo, se ha encontrado que en la comorbilidad con ansiedad, o en general con desórdenes internalizados, la respuesta a los tratamientos con psicoestimulantes es inferior que para otros grupos, mientras otros estudios muestran que en comorbilidad de SDA/H y trastornos de conducta, los psicoestimulantes demostraron efectos positivos sobre la atención y el aprendizaje, como asimismo disminución de las conductas agresivas (Hechtman, 2000).

El diagnóstico diferencial debe explorar áreas en busca de diferentes grados de comorbilidad y/o superposición de síntomas con el SDA/H.

Áreas	Diagnóstico diferencial y comorbilidad
Biológica	Déficits sensoriales, visuales y auditivos.
	Uso de medicamentos que afectan la atención: antihistamínicos, fenobarbital, etc.
	Problemas tiroideos.
	Retardo mental.
	Tumores o abscesos del lóbulo frontal.
	Injurias y lesiones del SNC.
	Intoxicación por plomo.
	Prematuridad.
	Características asociadas a temperamento.
Funcional	Trastorno oposicionista.
	Trastorno de conducta.
	Trastornos del ánimo.
	Trastornos adaptativos con conductas disruptivas.
	Trastorno de ansiedad.
	Trastornos de personalidad.
	Trastornos obsesivo-compulsivos.
	Trastornos maníacos o bipolares.
Del desarrollo	Hiperactividad, inatención, control de impulsos según edad.
Problemas familiares o del ambiente	Problemas atribuibles al colegio, metodológicos, etc.
	Crisis familiares: separaciones, adicciones, abuso, maltrato, etc.
	Patologías familiares.
	Problemas de estilos de crianza, ambientes caóticos, ausencia de normas.

1. Área biológica. Condiciones orgánicas

Esta condición debe ser estudiada en la medida que la historia o las características actuales lo justifiquen.

1.1. *Variaciones temperamentales*

Se refiere a niños de temperamento difícil, que desde la etapa de lactantes presentan hiperirritabilidad e irregularidad biológica que continúa con un patrón generalizado de activación emocional negativa. Se muestran llorones, demandantes y resistentes a la atención de los cuidadores. Presentan baja tolerancia a los cambios de rutinas y ciclos de sueño y hábitos de comida irregulares.

Las variables temperamentales han recibido escasa atención en la literatura. Sin desconocer las grandes diferencias individuales, Thomas y cols. (en Avaria, 1998) aislaron nueve características para conformar tres variedades de temperamento en las que se incluirían más del 50% de los niños. Estas características son: actividad, ritmicidad biológica, acercamiento o rechazo inicial, adaptabilidad, intensidad de reacciones, ánimo predominante, persistencia y lapso atencional, distractibilidad y umbral sensorial.

Las nueve dimensiones identificadas por Thomas y cols. tienen peso variable en las diferentes etapas del desarrollo (Keith, 1998).

En los lactantes son importantes la actividad, la ritmicidad biológica y el umbral sensorial. Estas dimensiones por sí solas explicarían las diferencias entre un lactante con ciclos alterados de sueño y alimentación y que, ante la tardanza para satisfacer sus necesidades de alimento o de otro tipo, reaccione violentamente, y otro que pueda tolerar mejor la postergación de la satisfacción de necesidades, que duerma sin dificultades y que, finalmente, se adapte más fácilmente al ambiente.

En los preescolares adquiere importancia el acercamiento o retirada inicial, la adaptabilidad, la intensidad de la reacción y el humor preponderante (positivo o negativo).

En los escolares y adolescentes cobran importancia rasgos temperamentales, tales como la persistencia y alcance de la atención y la distractibilidad, en especial como condiciones para un buen desempeño escolar.

El temperamento, entonces, no diferenciaría dicotómicamente entre niños normales y anormales, sino que determina diferencias dentro de rangos de normalidad. Muchas características temperamentales, resultado normal de diferentes niveles maduracionales y distintos patrones de combinaciones de rasgos del temperamento, pueden ser atribuidas a SDA/H.

En la medida que se reconozcan y se validen las características temperamentales de cada niño, y que las exigencias del medio se les adecuen, no habrá niños signados como *anormales,* sino niños que se adapten y aporten desde su propia individualidad.

Los niños con temperamento difícil fueron descritos por A. Thomas y S. Chess (1982) presentando irregularidad en los procesos biológicos, intensas y frecuentes reacciones emocionales negativas, dificultades para adaptarse a situaciones nuevas y tendencia a evitarlas.

Por su parte, J. Tschann y cols. (1996) describen a los preescolares con temperamento difícil como niños con gran actividad física, distraídos, con mucha energía, de rasgos violentos, estado de ánimo negativo, falta de habilidades sociales y con baja capacidad de adaptación a situaciones nuevas.

Establecer un diagnóstico diferencial entre niños con temperamento difícil y niños portadores de déficit atencional no es un tema fácil porque no hay acuerdo entre los autores. Algunos, como Barkley (en Carey, 1997), plantean que los signos que se han atribuido al temperamento difícil en la edad preescolar son predictores del DSM en la edad escolar y, por lo tanto, no se trataría de un cuadro diferente; en tanto, autores como C. Heimer (1997) plantean que el déficit atencional con hiperactividad no sería un trastorno, sino un tipo de *temperamento* caracterizado por dificultades en el control de impulsos y baja capacidad de concentración.

T. Quintana (2000), en una investigación realizada en 102 niños entre 6 y 9 años en La Serena, concluyó que los niños con SDA, en comparación con los de temperamento difícil, tendrían un mayor nivel de actividad general, más actividad al dormir y manifestarían una mayor aproximación a situaciones nuevas. Ambos grupos presentan un considerable grado de superposición en sus conductas en otras áreas, tales como regularidad en las comidas y en los hábitos diarios, orientación a la tarea, rigidez-flexibilidad...

1.2. *Lesiones e injurias del SNC*

El TDA/H también puede ser consecuencia de injurias tempranas al SNC, ya sean infecciosas, tóxicas, traumáticas o metabólicas. Se han descrito síntomas similares al SDA/H en el síndrome de alcoholismo fetal, intoxicación por plomo, infecciones del SNC y se reconoce, en la actualidad, que un número significativo de niños presentan a largo plazo problemas de aprendizaje o conductuales tras una meningitis o encefalitis. La prematuridad es otro cuadro que se ha relacionado con el síndrome (McCormick, Gortmaker y Sobol, 1990).

1.3. *Otros cuadros*

Para efectos del diagnóstico y la evaluación del síndrome es necesario establecer diferencias entre TDA/H y los trastornos de aprendizaje no verbales, el síndrome de Gilles de la Tourette, el síndrome de Asperger y, también, con los cuadros que presentan los niños agresivos. Últimamente ha aparecido en la literatura el cuadro de *niños índigo,* que tendrían conductas similares a los niños con TDA/H, pero esto aún no ha sido validado por la comunidad científica.

1.3.1. *Trastornos de aprendizaje no verbales*

Los niños que presentan este trastorno se caracterizan por alteraciones en la motricidad gruesa y fina, por lo que les cuesta desarrollar habilidades atléticas simples y desempeñarse con eficiencia en las tareas que implican escritura manuscrita. Su torpeza motora es frecuente causa de disgrafías.

No obstante, presentan buen nivel de memoria mecánica y de comportamiento verbal, lo que les permite desarrollar estrategias de supervivencia ante sus dificultades. Estas características, especialmente su fluidez en el lenguaje, muchas veces encubren el cuadro. Puede ocurrir que se conecten con el adulto por medio de un lenguaje incesante que puede resultar agotador para el adulto y confundirse con la verborrea continua que a veces presentan los niños SDA/H.

La conducta evasiva frente a las demandas escolares favorece que los niños sean designados por los adultos como flojos y oposicionistas, más que considerarlos niños con dificultades que ameritan ser ayudados. Los niños con trastornos no verbales necesitan verbalizar y etiquetar verbalmente todo lo que perciben para poder registrar y recuperar la información.

En general, presentan dificultades psicopedagógicas que, a grandes rasgos, se traducen en alteraciones importantes en su conducta escrita, que para ellos constituye un proceso lento y trabajoso. Cuanto más demandante de conducta psicomotriz sea la tarea, más difícil les resulta la adaptación y más evidente es su discapacidad.

Muestran dificultades interpersonales debido a falta de desarrollo de las habilidades sociales derivadas de su limitación para *leer* claves no verbales, tales como gestos, expresiones faciales y corporales, y disminución en las habilidades de organización visoespacial, lo que, agregado a su dificultad para tener una correcta lectura de señales y signos no verbales, perturba su adaptación a situaciones nuevas.

Por estas características, también han sido diagnosticados como niños con trastornos del aprendizaje del hemisferio derecho. Sus escáneres cerebrales revelan ligeras anomalías en el hemisferio cerebral derecho y sus historias clínicas muestran en su desarrollo antecedentes de lesiones en esa localización cerebral. Estos trastornos, que tienen una frecuencia menor que los del aprendizaje verbal, constituyen un 1% de la población general *versus* un 10% de frecuencia de trastornos verbales.

1.3.2. *Síndrome de Gilles de la Tourette*

Tics vocales o motores repetitivos. En CHADD (Children and Adults with Attention-Deficit/Hyperactivity Disorder, 2000) se reporta que el 7% de los niños con TDA/H presentan el síndrome de Gilles de la Tourette y se sostiene que éste no se relacionaría con la medicación psicoestimulante, a pesar de lo cual se plantea la necesidad de ser cuidadoso en el uso de estos fármacos cuando existe una historia familiar de tics o de otras características del síndrome. Por otra parte, este mismo grupo plantea que un 60% de los niños afectados por este síndrome tienen déficit atencional.

El síndrome de Gilles de la Tourette (Comings, 1990) constituye un trastorno neurobiológico que se caracteriza por tics motores y vocales. Representaría, junto con el síndrome de Asperger, a un grupo específico genéticamente diferente de los otros desórdenes atencionales.

1.3.3. *Trastorno de Asperger*

Otro grupo con el que se ha planteado la necesidad de hacer un diagnóstico diferencial del TDA/H es el trastorno de Asperger (Frith, 1991), que presenta las siguientes características:

a) Alteración cualitativa de la interacción social, consistente en una falta significativa de reciprocidad social y emocional.

b) Alteración de los comportamientos no verbales, como son el contacto ocular, la expresión facial y los gestos que regulan la interacción social.

c) Tendencia al aislamiento social, con falta de capacidad para compartir intereses y objetivos con otras personas.

d) Patrones de comportamiento, intereses y actividades repetitivas y estereotipadas, que se manifiestan principalmente por una preocupación obsesiva en torno a intereses de los cuales es muy difícil sacarlos. Por ejemplo, una obsesión por los trenes que les impide jugar con otro tipo de juguetes, ni siquiera automóviles.

e) Adhesión a ciertas rutinas o rituales que si no los cumplen les produce alta tensión.

Los niños con este síndrome tienen dificultades de concentración y problemas de control motor recurrentes, y ambas son características comunes en desórdenes atencionales. Su diagnóstico no es usado masivamente en Estados Unidos, aunque actualmente está incluido en el DSM IV, pero cada vez más se reconoce como un concepto clínico útil en Europa y también en nuestro país (Wing, 1991).

1.3.4. *Niños "índigo"*

La revisión bibliográfica del TDA/H incluye a niños denominados *índigos,* cuya clasificación aún no ha sido documentada por la investigación. Según los autores (Toyber, 2002), estos niños muestran los siguientes patrones de comportamiento:

- Tienen la sensación de *merecer estar aquí* y se sorprenden cuando otros no comparten eso. A diferencia de los niños SDA/H, su autoestima es alta.
- En cuanto a la autoridad, les cuesta aceptar una autoridad absoluta, salvo que se les explique y ellos comprendan las razones por las que deben acatar las normas. Muchas de ellas les resultan difíciles de cumplir, como por ejemplo respetar turnos.
- Las tareas rutinarias que no implican desafío alguno para ellos los frustran y con frecuencia encuentran mejores formas y más creativas de hacer las cosas. Eso los hace parecer rebeldes, inconformes con cualquier sistema.
- Parecen antisociales, a menos que se encuentren entre niños de su misma clase. Si no hay otros con un nivel de conciencia similar, a menudo se tornan introvertidos, sintiendo que ningún ser humano los entiende. La escuela, frecuentemente, es muy difícil para ellos desde el punto de vista social.

A. Céspedes (9 febrero 2003) dice al respecto que los rasgos denominados índigo coinciden bastante con los del síndrome TDA y TDA/H. Los niños con características índigo suelen ser oposicionistas, muestran dificultades de atención y concentración y un estilo propio de aprendizaje que puede parecer una dificultad. De ahí que lleguen a la consulta y se les confunda con chicos con trastornos de déficit atencional y con TDA/H. Pero los *índigo* son distintos: poseen un modo diferente de procesar la información, son extraordinariamente intuitivos y con una elevada capacidad asociativa. Comparten con el SDA/H las dificultades de concentración, la inquietud y la tendencia a ser oposicionistas.

Se ha hipotetizado que estos niños procesan la información de otra manera, intuyen más allá de lo esperable y que, por lo mismo, tendrían problemas de concentración y adaptación al enfrentarse con esquemas muy estructurados de aprendizaje. A menudo, se les confunde con niños con déficit atencional, pero, a diferencia de los niños con trastornos del aprendizaje, que tienen una energía muy dispersa y difícil de canalizar, el índigo es muy selectivo y puede pasar horas trabajando en los temas que le fascinan (Morales, 2003).

El tema de los *niños índigo* concita la atención de mucha gente, ya sea para destacar sus singularidades, como es el caso de los autores citados, o también para cuestionar su existencia y las características que se les asignan. José María Moyano (2004), director del Centro de Estudios sobre Déficit Atencional Infantil de Buenos Aires, califica de *delirantes* las características atribuidas a niños que, al igual que los niños SDA/H, sólo tienen en común el hecho de ser singulares o diferentes de la mayoría. No comparte afirmaciones que aseguran que los niños índigo tendrían una especie de capa del conocimiento de quiénes son diferente a la que poseen el resto de los niños, y que vendría a constituir una especie de singular dualidad de conciencia.

El Dr. Moyano rescata publicaciones, especialmente de Internet, que vinculan directamente a los niños índigo con niños SDA/H, y cita algunos pasajes:

"¿Qué te sucedería si vinieras a un mundo sabiendo quién eras, con un sentimiento de pertenecer a una familia, y luego nadie te reconociera y encima te trataran como si fueras un inútil en vez de una criatura de la realeza? Además, ¿qué pasaría si fueras un niño atravesando esta experiencia y no pudieras hacer nada al respecto? Tu intelecto no podría explicarse qué está equivocado. La respuesta, lamento decirlo, es el trastorno de deficiencia de atención (attention deficit disorder –ADD–) o el trastorno hiperactivo de deficiencia de atención (attention deficit hyperactive disorder –ASHD–). Estos niños se 'ausentarían' de la realidad metiéndose en su propio mundo, fuera-de-su-cuerpo para poder existir, o bien harían exactamente lo contrario, es decir: rebotarían contra las paredes para evadirse de la realidad de sus vidas y así tratar de obtener ayuda" (Moyano, 2004, p. 98).

Independientemente de que sostener científicamente la existencia de niños índigo o de cualquier otro color en términos de su aura es bastante aventurado y resiste pocos análisis, este tipo de afirmaciones permite destacar características de los niños SDA/H que se relacionan con el hecho de que se comportan de manera diferente del resto, y también con el hecho de que tienen capacidades, como por ejemplo su creatividad, que no se les valoran por estar ocultas bajo conductas disruptivas y menos adaptativas. Sobre el tema de la creatividad se hablará más adelante.

1.3.5. *Trastorno primario de la vigilancia (TPV)*

Se refiere a personas que han perdido la capacidad para estar atentas y vigilantes, presentando somnolencia excesiva o sueño diurno que les causa problemas en el ambiente social, laboral o educacional (Weinberg y Harper, 1993, en Fernández y Campos, 1998). Se observó que los niños con este problema tenían dificultades para mantener el alerta en la sala de clases, y para manejar esta dificultad se movían, conversaban, tomaban y agitaban objetos, etc., lo que hacía que los confundieran con niños SDA. Su carácter era sociable y afectuoso, con una condición familiar a la base, tratándose además de un cuadro que no remite, sino que persiste durante toda la vida.

Freya Fernández y otros (1998), de acuerdo a los resultados de una investigación, descubren diferencias para el diagnóstico diferencial del TPV y el SDA. Estas diferencias son las siguientes:

	Síndrome déficit atencional	Trastorno primario de la vigilancia
Motivo de consulta	Bajo rendimiento escolar.	Bajo rendimiento escolar.
	Dificultades para mantener la atención en clases.	Dificultades para mantener la atención en clases.
	Conducta desadaptativa en clases.	No se menciona conductas desadaptativas.
	Consulta precoz.	Consulta tardía.
	Predominio sexo masculino.	Predominio sexo femenino.
Descripción del niño	No se reporta somnolencia.	Dormilones y lentos en su desempeño.
	Más desadaptados.	Cariñosos y bien adaptados.
	Tendencia a ser rechazados por pares y profesores.	Queridos y aceptados por pares y profesores.
	Estilo de trabajo impulsivo en las evaluaciones.	Tranquilos y colaboradores en las evaluaciones.
Anamnesis	Antecedentes familiares de SDA/H.	Antecedentes familiares de hipersomnia.
	Inmadurez en el desarrollo psicomotor en muchos casos.	Desarrollo psicomotor normal.
Evaluación psicológica		Bender K.: enfrentamiento ordenado de la prueba, índices de inmadurez severa y disfunción neurológica en la mayoría de los casos.

	Síndrome déficit atencional	Trastorno primario de la vigilancia
Evaluación psicológica	Rendimiento normal con desempeño heterogéneo en las diferentes escalas.	WISC-R: C.I. normal. Rendimientos menores en pruebas de información y completación. Dígitos, normal.
	Baja autoestima.	Área emocional (CAT), actitud positiva hacia el mundo, cooperación, afecto, optimismo, autopercepción positiva.
	Alta comorbilidad con trastornos específicos del aprendizaje (escritura y cálculo).	Escasa comorbilidad con trastornos específicos del aprendizaje (escritura y cálculo).

El tratamiento del TPV es bastante similar al del SDA/H. Se debe comenzar por explicar a los padres la naturaleza del cuadro y aclarar que no mejora *con el tiempo,* por lo que incluso en la edad adulta no debería elegir trabajos que impliquen largos períodos de vigilancia. Durante la época escolar es muy probable que tenga problemas para mantenerse atento en clases, por lo que se recomiendan frecuentes cambios de actividad. El tratamiento farmacológico es similar al de SDA/H: metilfenidato, anfetamina, pemoline (Fernández y Campos, 1998).

2. Trastornos funcionales

Aproximadamente el 25% de los niños con TDA/H (en su mayoría niños pequeños y varones) también sufren de ansiedad y depresión y/o algún tipo de discapacidad de comunicación o aprendizaje (Peschel, Peschel, Howe y Howe, 1992).

2.1. *Trastorno oposicionista desafiante (TOD)*

Se caracteriza por un comportamiento recurrentemente negativo, hostil y desafiante, de preferencia frente a figuras de autoridad y que deteriora sus relaciones interpersonales y su desempeño en el colegio.

Discuten y desafían abiertamente las reglas y presentan frecuentes episodios de descontrol o pataletas, acusan a otros y les atribuyen sus propias dificultades, etc. Los hombres pueden presentar comportamientos aún más confrontacionales que las niñas y sus síntomas pueden persistir durante más tiempo. El TOD puede ser un antecedente de trastornos de conducta en la adolescencia y en la adultez.

Ellos van más allá de evitar la realización de tareas que requieren atención mantenida que caracteriza a los niños con SDA/H y de los comportamientos negativistas transitorios de los preescolares y adolescentes dentro de sus naturales procesos de individuación (Keith, 1998).

2.2. *Agresividad*

En muchas ocasiones, los niños hiperactivos son calificados de agresivos dada su impulsividad, pero la mayoría de las veces su intención no es agredir. El problema es que les cuesta controlar sus impulsos. Orjales (2001) presenta un listado diferencial de conductas hiperactivas y agresivas basado en un trabajo realizado por Prinze, Connor y Wilson (1981).

Conductas hiperactivas	Conductas agresivas
Se tropieza con el de adelante en la fila. Pisa a sus compañeros sin darse cuenta. Se levanta varias veces durante la clase.	Empuja, pega y da codazos para ponerse el primero.
Habla cuando no le corresponde.	Discute enfadado.
Hace tonterías para atraer la atención del adulto que está con otro niño.	Le quita algo a otro niño.
Corre por la habitación en lugar de trabajar.	Se niega a trabajar y se muestra desafiante.
No presta sus cosas.	Quita y destruye las cosas de los demás.
No termina las tareas.	Se niega a hacer casi todo.
Pierde las cosas.	Se niega a compartir las cosas.
Se ríe tontamente cuando nadie lo hace.	Fuerza a otros chicos a realizar algo que no quieren.
Desordena el armario al coger algo y se le caen las cosas.	Tira las cosas y las destroza.
Repite las preguntas una y otra vez. Emite sonidos cuando debería callar.	Insulta.
Se olvida lo que debe hacer.	Pega y da puntapiés a los adultos.

Fuente: Orjales, 2001.

2.3. *Trastorno de conducta*

El trastorno de conducta corresponde a un patrón persistente de violación de los derechos del otro, violencia o crueldad con la gente y los animales.

Se caracteriza por agresión hacia personas y otros seres vivos, destrucción de propiedad, engaño, hurto y serias situaciones en las que se rompen las reglas de conducta. En los niños que presentan comorbilidad entre SDA/H y trastornos de conducta, la sintomatología propia del SDA/H es más severa: presentan más agresividad, ansiedad y son más rechazados por sus pares.

A diferencia de los niños SDA/H, éstos no parecen tener conciencia de los problemas que causan en los otros, ni presentan arrepentimiento ni pesar por las consecuencias de sus acciones.

Los modos característicos de conducta varían de acuerdo a la edad. En el caso de los preescolares, las formas más comunes son las pataletas, las agresiones inmotivadas a sus compañeros, destrucción de objetos, etc. En los escolares, estos comportamientos adquieren mayor peligrosidad, dado que ellos tienen más recursos y posibilidades de causar daño. Pueden llegar a situarse al borde de la ilegalidad, matar o torturar animales, hurtar, etc. Es posible que en la adolescencia se involucren en actos delictuales, tengan conductas sexuales riesgosas, adicciones, etc.

En el trastorno de conducta podría haber un antecedente de trastorno negativista desafiante, que es importante pesquisar pero que no se da en todos los casos.

El trastorno de conducta y el SDA/H se potencian mutuamente y pueden presentarse subsindromáticamente o en forma de continuo (modelo de continuidad). El SDA/H, unido a comportamientos agresivos, presenta riesgo considerable de desarrollar conducta antisocial. Estos cuadros son difíciles de tratar, en especial cuando su aparición ha sido temprana en el desarrollo, por ejemplo antes de los 10 años, dado que en esos casos el componente biológico es más fuerte y el pronóstico peor en cuanto a su evolución, severidad y persistencia. Se sugiere que es más frecuente esta asociación en subtipo combinado y en el tipo hiperactivo-impulsivo.

Entre 69-80% de los preadolescentes con trastorno de conducta presentan criterios para TDA/H. Los estudios de seguimiento apuntan a riesgo de personalidad antisocial, criminalidad, otros trastornos psiquiátricos, pobre ajuste social, adicciones...

2.4. *Trastornos del ánimo*

La relación con trastornos del ánimo se da entre un 15-20% de los casos. Su comienzo es posterior a los síntomas del TDA/H y ha concentrado el interés últimamente. En especial, llaman la atención los trastornos afectivos del tipo bipolar, por la necesidad de diferenciarlos para tratarlos precozmente o para considerar un nuevo subtipo en el que confluyan estos dos trastornos. El diagnóstico diferencial presenta dificultades derivadas del hecho de que los niños con SDA/H y los niños con enfermedad maníaco-depresiva bipolar comparten algunos síntomas, tales como la hiperactividad, ideas en tropel, sueño alterado, conductas agresivas, mayor accidentabilidad, dificultad para concentrarse, baja tolerancia a la frustración, etc. (Lebovici, Diatkine y Soule, 1998).

El diagnóstico diferencial se facilita cuando se presenta un episodio maníaco agudo, o cuando hay una historia de episodios repetidos, especialmente porque el SDA/H, aunque comparte muchos síntomas, no presenta el ánimo festivo y eufórico que muchas veces se aprecia en el episodio maníaco. Por otra parte, en la depresión infantil existe hiperactividad, inquietud, irritabilidad, pero no en forma crónica, sino más bien episódica y casi como un intento de desechar la tristeza.

Generalmente, es posible encontrar antecedentes familiares de trastornos afectivos. El componente genético se da como expresión de la vulnerabilidad, como probabilidad (no siempre se expresa), y no como determinismo biológico.

La asociación más frecuente se da con el subtipo inatento y combinado y se presenta en 57-98% de pacientes bipolares, con superposición de síntomas: distractibilidad, impulsividad, labilidad emocional, verborrea e hiperactividad física.

2.5. Trastorno bipolar pediátrico

Consiste en un cuadro de muy difícil diagnóstico, cuyas manifestaciones son diferentes a las del adulto. Su expresión es menos episódica que la de la persona mayor. Generalmente, se efectúa un diagnóstico tardío (en ocasiones, después de los 15 años y a través del reporte de los padres que describen las conductas del paciente en la infancia).

Se describen períodos de extrema irritabilidad, verdaderas *tormentas afectivas* prolongadas y agresivas, pataletas, grandiosidad, alteraciones en sueño, falta de inhibición en dirigirse a la gente, pensamiento veloz, lenguaje acelerado e hipersexualidad, alternados con momentos de desgano, pérdida de la energía, cambio, giro hacia otro polo...

2.6. Trastornos de ansiedad

Los trastornos de ansiedad son bastante comunes en los niños y adolescentes, conformando un grupo de problemas que tienden a mantenerse hasta la vida adulta y que con mucha frecuencia dejan secuelas psicológicas, familiares y académicas.

El diagnóstico de trastornos de ansiedad en la infancia es difícil de elaborar, debido a que la ansiedad y la angustia son experiencias humanas que están presentes en el hombre, en mayor o menor medida, tanto en lo normal como en lo patológico, como síntoma, como estado o como trastorno, en todas las etapas del ciclo vital, en las crisis normativas y en las no normativas y con distintas expresiones individuales.

El diagnóstico diferencial entre SDA/H y los trastornos de ansiedad es particularmente difícil de establecer, debido a que hay superposición de síntomas en ambos cuadros. Sin embargo, hay algunas diferencias a la observación clínica: aunque la inatención y la inquietud motora son comunes para ambos cuadros, en el SDA/H se manifiesta más impulsividad, inatención e inquietud que en los cuadros ansiosos. Por otra parte, los niños ansiosos presentan menos problemas sociales que los niños SDA/H con conductas disruptivas externalizadas.

Es probable que los cuadros ansiosos no sean detectados con la oportunidad requerida, dado que no presentan problemas de conducta que se acompañen de otros trastornos, tales como depresión o SDA/H, que pueden ocultar los síntomas ansiosos. Otra causa es que, por lo general, se acompañan de síntomas somáticos, tales como dolores abdominales y otros, y finalmente se niegan síntomas que pueden acompañar a la ansiedad, tales como obsesiones, compulsiones, etc. (Birmaher y Villar, en Grau, 2001).

La sintomatología en el menor no suele ser de hiperactividad y disrupción, sino más bien un accionar lento e ineficiente comparado con niños con TDA/H sin ansiedad. Síntomas internalizados se pesquisan a través del reporte de los menores.

Los síntomas tienden a aparecer y desaparecer en relación a acontecimientos ambientales estresantes. Para diagnosticar, los síntomas deben ser intensos, interferir con el normal funcionamiento del niño y no guardar relación con su edad mental.

Se observa coexistencia de TDA/H y trastornos de ansiedad entre el 20-25% de los casos, con superposición de síntomas y, frecuentemente, con antecedentes familiares (los trastornos de ansiedad son de ocurrencia más frecuente entre los parientes de niños con SDA/H que en la población general).

Actualmente se maneja la hipótesis de que el TDA/H y los trastornos de ansiedad pudieran ser patologías que se transmiten de forma independiente.

3. Área del desarrollo

3.1. Trastornos específicos de aprendizaje

En la gran mayoría de los casos, el derivante es el colegio, por problemas de rendimiento y/o conducta. Para llegar a un diagnóstico diferencial es necesario, en primer término, descartar factores tales como metodologías inadecuadas y trastornos sensoriales, considerando que los déficits auditivos y visuales pueden ser detectados con mayor facilidad que las anormalidades más sutiles, que pueden manifestarse como inquietud o distractibilidad. También deben descartarse trastornos específicos de aprendizaje y problemas intelectuales globales.

SDA/H y trastornos específicos de aprendizaje (TEA) y dificultades de aprendizaje presentan alta probabilidad de coexistir, dado que ambos corresponden a un trastorno del desarrollo con base neurológica y cuya manifestación principal se da en la escuela. Es muy frecuente que el niño con SDA presente asociado un trastorno específico de la lectura y la escritura y/o problemas de comprensión lectora derivados de falta de atención y concentración, que le impiden acceder a los significados del texto, aun cuando haya logrado decodificarlo en forma más o menos eficiente.

De la misma manera, aun cuando muestran habilidades en matemáticas, es posible que la expresión de esas habilidades se vea interferida por dificultades para seguir procedimientos y secuencias en la resolución de problemas, como también en las operaciones. Los porcentajes, siempre altos, varían en relación a los criterios y metodologías utilizadas en las mediciones y criterios utilizados para determinar la presencia, ya sea de SDA o de TEA. Es posible encontrar falta de acuerdo en la literatura para determinar cuándo se está en presencia de problemas de rendimiento escolar por diversos motivos y cuándo se está en presencia de un TEA. Puede ocurrir que en las investigaciones se utilicen diferentes medidas para evaluar el TEA, o que en otras no se considere el coeficiente intelectual del niño, lo que sin duda confunde los resultados.

No obstante, hay coincidencia en señalar que aproximadamente un tercio de los niños con SDA/H presentan también algún tipo de trastorno de aprendizaje, lo que supera ampliamente la coexistencia encontrada en la población general (aproximadamente 10%, dependiendo de la fuente). Por otra parte, muchos de los niños con trastornos de aprendizaje también presentan hiperactividad, impulsividad e inatención. Se podría hipotetizar que los fracasos escolares derivados de los trastornos de aprendizaje podrían predisponer al niño a desinteresarse por las actividades en la sala de clase, a no atender, a moverse, etc.

El problema para el diagnóstico es saber con certeza si el SDA/H y los trastornos específicos de aprendizaje representan dos dimensiones independientes o dos manifestaciones del mismo trastorno. Comoquiera que sea, la correlación, aunque alta, no es total, ya que se encuentran niños con SDA/H claramente diagnosticado y que no presentan ningún TEA, y viceversa, niños con TEA que no manifiestan síntomas de SDA/H (Ajuriaguerra, 1980).

Para efectos del tratamiento y manejo, los trastornos específicos de aprendizaje empeoran su pronóstico cuando se asocian al SDA/H, ya que el rendimiento, de por sí interferido por las dificultades para aprender, recibe el impacto y suma a las dificultades la sintomatología del SDA.

La atención es una función cognitiva que madura a lo largo del desarrollo, al igual que el control de impulsos, etc.; por lo tanto, se debe considerar que hay ciertos rangos de inatención, de hiperactividad, falta de control de impulsos, etc., que son esperables en las etapas más tempranas del desarrollo, pero que no suelen presentarse posteriormente. Por ejemplo, es muy probable que al preescolar le cueste concentrarse, estarse quieto en el asiento, que tenga reacciones impulsivas, etc., pero no se espera lo mismo del escolar de segundo ciclo, por ejemplo. Es así que sólo el 50% de los niños que han sido diagnosticados como en riesgo de SDA/H a los 3 años presentan el cuadro a los 9 años. Los predictores de la persistencia incluyen la severidad inicial de los síntomas y la precocidad de aparición de los problemas de interacción entre el niño y sus padres (Hechtman, 2000).

4. El entorno: familia, colegio

Es importante determinar hasta qué punto los problemas familiares y escolares pueden explicar por sí solos las dificultades que el niño presenta, o coocurren con el SDA/H. Por ejemplo, puede suceder que el niño tenga necesidades educativas especiales y que no esté recibiendo el apoyo escolar que requiere, o que estas dificultades se sumen al SDA/H, lo que aumenta su desventaja en el colegio.

De la misma manera, un ambiente familiar caótico, disfuncional, sin reglas ni normas, puede ser causa de que el niño tenga problemas de adaptación escolar. En este caso, el niño estaría presentando una conducta *sociosintónica al ambiente familiar o social,* y que no correspondería necesariamente a un SDA/H. Se refiere a niños que presentan alteraciones conductuales acordes a un ambiente familiar caótico y desestructurado, y que puede coexistir o potenciar las manifestaciones de un SDA/H, o no tener ninguna relación. En ese caso, los síntomas se explicarían a partir de factores ambientales solamente, y causarían problemas que, en su conjunto, pesan más que el SDA/H, tanto para el diagnóstico como para el tratamiento y el pronóstico.

VI. Manejo farmacológico del SDA/H

Existe bastante acuerdo en la literatura (Förster, 1998) que el apoyo farmacológico es por sí solo el más eficaz de los tratamientos, porque ayuda a controlar la hiperactividad y los trastornos de la atención en la medida que el síndrome es un trastorno neurológico y que los síntomas son sus consecuencias. Los fármacos, si bien no curan la hiperactividad, ayudan significativamente a controlar sus efectos al actuar en el sistema nervioso permitiendo un mejor funcionamiento.

Actualmente, los psicoestimulantes son el tratamiento de elección desde preescolares a adultos. Su utilidad está avalada por una amplia experiencia acumulada sobre eficacia en el corto plazo. A largo plazo es más difícil evaluar los beneficios de los medicamentos, por dificultades metodológicas y porque la evaluación se complica debido a que se deben considerar otros factores, tales como edad, severidad del síntoma, comorbilidad, antecedentes y medios familiares, características y recursos del sistema escolar. Todos estos factores pueden incidir en el efecto del medicamento, de manera que se dificulta la posibilidad de evaluar el resultado en forma pura.

1. Antecedentes

En 1937, Bradley realiza la primera publicación respecto del uso de anfetaminas en niños. Reporta el efecto beneficioso del uso de dextroanfetamina en 14 de 30 niños escolares con problemas de conducta. A partir de ese momento, los medicamentos psicoestimulantes se convierten en el tratamiento más eficaz para niños con trastornos en la modulación de la actividad y de la atención (Förster, 1998).

En 1954 se realiza la síntesis del metilfenidato, ampliamente conocido con el nombre comercial de Ritalín. En 1957, Laufer y Denhoff describen efectos positivos en niños que presentan características conductuales que incluyen hiperactividad, períodos de atención cortos, impulsividad, baja tolerancia a las frustraciones, insuficiente rendimiento escolar, problemas visomotores y de lectoescritura.

El empleo de psicofármacos se inserta en un programa de apoyo integral al niño. Son reguladores neurobioquímicos que se le proporcionan en espera de su maduración y, claramente, no tienen efectos curativos, pero ayudan a que se adecue mejor a las demandas del medio, que logre un mejor rendimiento escolar, que mejore las relaciones interpersonales, etc.

En 1999 se publican los resultados de una investigación consistente en un tratamiento a 557 niños entre 7 y 7,9 años, de 14 meses de duración, con distintas modalidades de tratamiento: sólo fármacos, sólo terapia conductual, tratamiento combinado (grupo multimodal) y grupo control. Se concluye que el tratamiento farmacológico *en conjunto con el tratamiento conductual* tiene más éxito y puede tener un mejor pronóstico para los signos comórbidos, tales como trastornos oposicionistas internalizados y agresividad. El grupo multimodal tuvo mayor probabilidad de mantener la mejoría en el tiempo, y de requerir dosis un 20% inferiores a los otros grupos para obtener los mismos efectos, es decir, el medicamento optimiza (MTA, 1999).

2. Los medicamentos psicoestimulantes

Los psicoestimulantes son aminas simpático-miméticas cuyas moléculas son estructuralmente similares a las catecolaminas endógenas, como la dopamina y la norepinefrina. Son efectivas por vía oral porque son resistentes a las enzimas inactivantes del hígado y de otras enzimas. La acción de los psicoestimulantes sobre el SNC consiste en facilitar la transmisión sináptica, junto con aumentar la actividad excitatoria. Se ha observado que los psicoestimulantes revierten el efecto depresor de los barbitúricos y de otros tranquilizantes sobre la formación reticular.

Los efectos positivos de los psicoestimulantes se dirigen a la conducta, la atención, las relaciones interpersonales, el rendimiento académico (aunque en este último el efecto es menos notorio que en la conducta), mejor control de la impulsividad, atención, aprendizaje, vigilancia, procesamiento de la información y memoria a corto plazo (Förster, 1998).

Todos los psicoestimulantes son equivalentes en cuanto a su eficacia y en los efectos que producen no influyen raza, nivel socioeconómico, sexo ni funcionalidad o disfuncionalidad de la familia. En cambio, sí influyen la comorbilidad, la edad y el nivel intelectual; en los preescolares, el efecto es menos claro que en los niños mayores, y en casos de niños con retardo mental se observa una tasa de respuesta inferior a los niños con coeficiente intelectual normal. Aunque todos afectan al metabolismo, la dopamina y la norepinefrina lo hacen a través de diferentes vías; por esta razón, ante el fracaso terapéutico con un estimulante debe ensayarse otro.

2.1. *Efectos neuroquímicos de los psicoestimulantes*

Aunque siempre hay dudas sobre si los efectos de los fármacos son directos o sólo son consecuencia del mejoramiento de la atención, para efectos de una mejor comprensión su acción puede resumirse como sigue:

Efectos directos	Efectos indirectos
Efectos favorables sobre la hiperactividad y la atención.	Efectos positivos psicosociales, relacionados con cambios en relación con el entorno y la autoestima del niño.
Efectos negativos farmacológicos: en relación a las dosis.	Efectos adversos no farmacológicos: dependen de la connotación del tratamiento farmacológico.
Efectos favorables en la impulsividad.	Disminución de errores en la tarea y conductas disruptivas. Adaptación social.
Efectos favorables en la actividad y eficiencia motora.	Reducción de la conducta desorganizada y no orientada a la tarea.
Efectos adversos en la actividad y eficiencia motora.	Atribución de locus de control externo sobre la conducta.
Efectos favorables en el aspecto cognitivo.	Mejor procesamiento del lenguaje. Mejor procesamiento de la información. Mejoría en memoria y en eficiencia del aprendizaje.

Efectos directos	Efectos indirectos
Efectos adversos en aspectos psicosociales.	Rotulación del niño ("necesita medicamentos"). El niño puede sentirse *diferente*. Atribución de éxito o fracaso al medicamento.
Mito sobre efecto del medicamento: modifica todas las conductas en todas las situaciones.	El medicamento modifica algunas de sus conductas en algunas situaciones, no todas las conductas en todas las situaciones.

Todos estos factores contribuyen indirectamente a que mejore la relación del niño con sus padres, hermanos, compañeros y maestros, con el consecuente efecto en su imagen personal y en su autoestima. En general, los fármacos que se utilizan mayoritariamente no están orientados a controlar las conductas disruptivas del niño, sino a adecuarse a las demandas del medio y, por ende, alcanzar un mejor rendimiento escolar (Förster, 1998).

2.2. Los fármacos más usados

En la actualidad, gracias a los avances de la medicina, el mercado dispone de gran variedad de medicamentos para el tratamiento de la hiperactividad. El primer fármaco que se empezó a utilizar, en 1937, fue la anfetamina –de nombre comercial Dexedrine–, y aún sigue vigente. En la década de los sesenta se inicia el empleo del metilfenidato, sustancia conocida con el nombre comercial de Ritalín, seguido por la pemolina, conocida comercialmente como Cylert. Un porcentaje significativo de los niños hiperactivos responden bien a los fármacos, pero sólo el médico es quien debe decidir qué tipo de medicamento y qué dosis es la más beneficiosa para cada uno.

Los fármacos psicoestimulantes más potentes –anfetamina, metilfenidato y pemolina– actúan a través del mecanismo de liberar dopamina y norepinefrina, aumentando su concentración en el espacio sináptico y bloqueando la recaptación de dichos neurotransmisores. Aunque el metilfenidato parece actuar sobre un pool diferente de dopamina, el efecto conductual y terapéutico resulta ser muy similar al de la anfetamina (Förster, 1998).

2.2.1. *Metilfenidato*

Psicoestimulante de acción inmediata, considerado como la molécula de primera elección y más utilizada en el tratamiento del TDA/H. Se considera un medicamento muy seguro. En administración repetida (y bien ajustada) se estima una respuesta eficaz en el 70-85% de los pacientes. Su uso está aprobado a partir de los 6 años por la FDA en Estados Unidos (Food and Drugs Administration, organismo regulador y fiscalizador de la venta de medicamentos).

En preescolares hay cierto aval empírico respecto de su eficacia, pero sus efectos son más variados, con una tasa de efectos secundarios más amplia. Se recomienda su uso sólo en los casos más severos, en que se puede ver alterado el desarrollo emocional, social y las relaciones vinculares del niño.

Su efecto clínico, al igual que el de los psicoestimulantes en general, es sobre los síntomas primarios, al mejorar la capacidad de atención, disminuir la impulsividad, así como las actividades irrelevantes a la tarea y las conductas disruptivas en situaciones sociales. Secundariamente, mejora la obediencia, aumenta la calidad y cantidad de tareas académicas realizadas, la relación con los pares y padres progresa y es más fluida, permite que disminuyan los castigos y la necesidad de supervisión por parte de padres y profesores.

Los efectos colaterales que se describen son leves, poco frecuentes, dependen de la dosis en que se administren y tienden a desaparecer en las primeras semanas: disminución del apetito, dolores abdominales, náuseas, vómitos, cefalea, irritabilidad, llanto, tristeza, "rebote", aparición o intensificación de tics, insomnio y taquicardia.

La dosis inicial es de 0,3 mgr por kilo de peso al día, pudiendo llegar a 0,8 mgr/kg/día. Generalmente, se toma al desayuno y al almuerzo, pero en niños demasiado hiperactivos se puede agregar una tercera dosis de refuerzo al final de la jornada, para evitar el rebote de conductas desadaptativas que ocurre a esa hora (Förster, 1998).

2.2.2. *Anfetamina*

Ha mostrado menor efecto central y mayores efectos secundarios indeseables. Su uso está aprobado a partir de los 3 años y su efecto ha resultado positivo en la mayoría de los no respondedores a metilfenidato. Los efectos colaterales más frecuentes son disminución del apetito, dolor abdominal y labilidad emocional.

La dosis inicial es de 0,15 mgr por kilo de peso al día, y el rango de dosis habitual, de 0,5 mgr/kg/día.

2.2.3. Pemolina

De nombre comercial Cylert o Ceractiv, es menos potente que la anfetamina y el metilfenidato en cuanto a sus efectos neuroquímicos dopaminérgicos. Comienza a usarse en Europa en la década de los sesenta. Su absorción es más lenta, por lo que puede usarse en una sola dosis al desayuno, con lo que se protege al niño de la connotación negativa que sus compañeros de curso le atribuyan al hecho de que deba tomar medicamentos para ayudarlo a estar tranquilo en clase. A diferencia de los otros psicoestimulantes, parece requerir un efecto acumulativo en los niveles plasmáticos antes de que se puedan percibir sus efectos. La dosis inicial es de 0,5 mgr por kilo de peso al día, y la dosis habitual es de 0,5 a 2 mgr/kg/día.

La farmacocinética de los psicoestimulantes, es decir el comportamiento del medicamento desde el momento que se ingiere hasta el momento en que es eliminado por el organismo, es la siguiente:

Farmacocinética

Fármaco	Peak	Vida media	Efecto total
Metilfenidato (psicoestimulante de primera elección	1 a 2 horas	2 a 4 horas	6 horas
Metilfenidato SR. Alternativa a medicamentos tradicionales (*)	2 a 3 horas	4 a 6 horas	8 a 10 horas
Anfetamina	2 a 3 horas	6 a 8 horas	8 horas
Pemolina	2 a 4 horas	7 a 7,5 horas	10 a 12 horas

(*) En general, las fórmulas de liberación sostenida (SR) parecen ser menos eficaces.

Estos efectos pueden tener importantes variaciones debido a las diferencias interindividuales entre nivel de concentración plasmática y la respuesta conductual.

Uno de los más importantes aportes a la evidencia empírica en torno a los efectos positivos del uso de medicamentos son los resultados de un estudio realizado por el MTA Cooperative Group en 1999 con casi 300 niños de 7 a 9 años tratados con metilfenidato en tres diferentes dosis, y otro grupo tratado con placebo en un estudio cruzado de cuatro semanas. La conclusión del estudio fue que el metilfenidato fue superior en un 77% al placebo en mediciones de la conducta en el hogar y el colegio (sólo un 12,5% de ellos respondieron al placebo). En la fase posterior (abierta) del estudio, en 198 niños cuya dosis óptima de metilfenidato había sido identificada, el 88% se mantenía en tratamiento 13 meses después (MTA, 1999).

En este mismo estudio se recomienda ajustar las dosis en relación a los efectos terapéuticos adversos observados, más que solamente en relación al balance dosis por kilo de peso. Los efectos observados deben incluir mejoría en logros académicos, relaciones sociales y control conductual. Dentro de la línea de privilegiar los tratamientos multimodales, se afirma que la combinación de fármaco con tratamiento psicológico reduce en 20% la dosis necesaria para producir los efectos deseados

3. Mitos y prejuicios sobre los psicoestimulantes

No hay evidencia clínica que demuestre que los tratamientos con psicoestimulantes sean un factor de riesgo específico para dependencia de alcohol o drogas. En cambio, sí se ha identificado un grupo de riesgo para futura dependencia de alcohol y drogas que está conformado por niños con SDA/H y conductas tempranas agresivas y antisociales. En este grupo especialmente, la terapia con psicoestimulantes puede prevenir conductas adictivas. Por lo tanto, la idea generalizada de que los psicoestimulantes (indicados y manejados médicamente en niños que lo requieren) pueden producir abuso de drogas a futuro, no pasa de ser un mito.

El hecho de que los psicoestimulantes ayuden a los niños a focalizar su atención y, como una de sus consecuencias, a ser más exitosos en el hogar y en el colegio, evita muchas de las experiencias negativas a que están expuestos, lo que ayuda a prevenir adicciones y otros problemas emocionales en la adolescencia y la adultez.

Una creencia muy compartida hasta ahora es que los medicamentos deben ser suspendidos apenas el niño llega a la adolescencia. Sin embargo, hoy se sabe que alrededor del 80% de los niños con SDA/H necesitarán continuar el tratamiento durante la adolescencia, y que entre un 30 y un 50% de ellos requerirán el medicamento en la edad adulta.

Otro mito corresponde a la idea de que actualmente hay un aumento en la prescripción de psicoestimulantes. Esto puede deberse a que el cuadro es mejor conocido ahora y, por lo tanto, es diagnosticado en casos en que antes no lo era. Dentro de estos casos se encuentra el subtipo SDA/H, caracterizado por inatención. Por otra parte, se comienza a diagnosticar casos en preescolares y a aumentar la medicación hasta la adolescencia, e incluso hasta la adultez. Finalmente, se ha incrementado el diagnóstico en niñas, lo que no significa necesariamente que hayan aumentado los casos, sino que lo que ha sufrido un alza es el número de *casos diagnosticados.*

Aun cuando es una creencia bastante compartida, no hay evidencia científica de que el tratamiento con este tipo de fármacos provoque a largo plazo tendencia al uso de drogas psicoestimulantes. Tampoco se ha comprobado que provoque alteraciones perniciosas en el sistema nervioso central, que desarrolle tolerancia o adicción o que afecte la evolución pondoestatural (peso-talla) de los niños y adolescentes.

Como consecuencia de los mitos que rodean a los psicoestimulantes, está la creencia de que si los fármacos son considerados estimulantes y no tranquilizantes, deberían contribuir a poner más nerviosos a los niños hiperactivos. La realidad es que provocan lo que se llama una *reacción paradojal,* que consiste en que tranquilizan a los niños hiperactivos e incluso, en algunos casos (aislados), llegan a producirles ciertos estados de tristeza.

En la actualidad hay acuerdo en que los fármacos no producen dependencia física, es decir, la interrupción de su consumo no produce alteración en las constantes biológicas. Sin embargo, existe un riesgo moderado de dependencia psicológica, especialmente cuando la medicación es administrada en forma incorrecta. Paradojalmente son los padres quienes tienen más riesgo de caer en lo que podría denominarse como *dependencia psicológica,* ya que cuando el niño está bajo el efecto del medicamento, su conducta es más adaptada a las normas familiares y mejora la relación con sus hermanos y hermanas (Polaino-Lorente y Ávila, 2000).

La revisión realizada por T. Wilens, S. Faraone, J. Biederman y S. Gunawardene (2003), del Harvard Medical School, encontró que los adolescentes que fueron tratados con medicamentos durante más de diez años manifestaban tener menos conductas de uso de drogas que aquellos que no habían recibido tratamiento medicamentoso.

A la luz de la evidencia acumulada, se puede afirmar que las intervenciones farmacológicas, dentro de un manejo multimodal del síndrome, reducen los síntomas del SDA, lo que se traduce en un mejor pronóstico en relación a logros escolares o laborales, reduce el riesgo de accidentabilidadad, las conductas antisociales y el abuso de sustancias.

4. Recomendaciones prácticas en relación al tratamiento farmacológico

La administración de medicamentos para ayudar al niño a manejar sus dificultades es un tema que no deja indiferentes a padres, profesores o incluso a los niños. Entre padres, especialmente, se pueden encontrar opiniones que fluctúan desde un franco rechazo hasta una total aceptación (se le ha llegado a llamar *adicción psicológica* al medicamento), siendo ambas posturas inadecuadas.

Conviene que los padres se informen cabalmente sobre las ventajas y las desventajas, que adecuen sus expectativas a la realidad, que no olviden que el fármaco por sí solo es un paliativo para los problemas pero no los soluciona, que se comprometan a usarlo en la forma indicada por el médico y que conversen con el pequeño sobre lo que se espera de él y del medicamento.

En primer lugar, explicar al niño por qué debe tomar sus medicinas y cuáles serán sus probables efectos. Dependiendo de su edad y en la medida que eso sea posible, es recomendable que él se vaya responsabilizando paulatinamente de tomar sus medicamentos a las horas que corresponda. Es conveniente utilizar los términos *tónico* o *vitaminas,* por la connotación de ayuda, más que de solución que tienen esos términos, en comparación con las palabras *medicamento, remedio,* etc. Esto evita, además, que el niño se perciba a sí mismo como *enfermo.*

Para evitar que el niño atribuya sus progresos exclusivamente al fármaco es importante señalarle, lo más claramente posible, el esfuerzo que debe hacer para progresar, porque la pastilla por sí sola no soluciona todos los problemas. Se le debe premiar por sus cambios, privilegiando y reconociendo sus esfuerzos (independientemente de los efectos de la pastilla). El atribuir los cambios beneficiosos sólo al medicamento puede crear dependencia psicológica.

Dado que cada niño responde en forma distinta a los fármacos, el médico debe conocer cuál es su patrón de conducta dentro del hogar y de la escuela, para ajustarle la dosis de medicación. Muchas veces, la conducta del niño es más problemática dentro del ámbito escolar, por la estimulación o las exigencias a que está sometido; en este caso, es necesario que la medicación se aplique exclusivamente en el período escolar y se suprima en las vacaciones. Cuando la conducta disruptiva del niño también se manifiesta dentro del hogar, las dosis se le pueden administrar a diario, sin suspensiones.

Después de algún tiempo, es probable que el médico suspenda temporalmente el tratamiento con el fin de que el organismo del niño no se habitúe a la sustancia y deje de responder. Esa etapa, generalmente, coincide con las vacaciones de verano y, posteriormente, es probable que el doctor aconseje iniciar el período escolar sin medicación, con el fin de observar su comportamiento y hacer los ajustes correspondientes. Por este motivo, es importante que los padres mantengan un contacto regular con el profesor para que les informe sobre la conducta de su hijo.

Dado que los fármacos pueden producir algunos efectos secundarios, como falta de sueño, entre otros, es necesario no administrarlos inmediatamente antes de acostarse. La última dosis debería darse entre tres y seis horas antes de ir a la cama. En algunos casos, los niños presentan reducción del sueño, pero nunca en un grado tan severo que obligue suspender la medicación.

5. Dudas e interrogantes de los padres

Generalmente, los padres sienten una gran inquietud a la hora de administrar medicamentos a sus hijos: *"yo no quiero que mi hijo comience a tomar drogas desde tan chico", "yo era igual, y después se me pasó solo", "el problema es que en el colegio son demasiado exigentes y no lo dejan ni moverse en clase", "en la casa se porta bien",* etc. Estas reservas y angustia tienden a ser estimuladas por los debates a través de los medios de comunicación acerca del uso de los psicoestimulantes.

Estas inquietudes, expresadas como interrogantes, aparecen en la *Hoja de Datos* de CHADD (2000), donde se ofrecen respuestas frente a las preguntas más frecuentes que formulan los padres:

Pregunta. ¿Cuánto tiempo toma el alcanzar una dosis terapéutica del medicamento?

Respuesta. Los efectos de los medicamentos usualmente se notan dentro de un período de 30 a 60 minutos. Sin embargo, frecuentemente toma varias semanas el determinar la dosis adecuada y la rutina de administración para cada individuo.

P. ¿Será necesario cambiar la dosis a medida que el niño crece o que el adulto cambia de peso?

R. No necesariamente. Muchos adolescentes y adultos continúan respondiendo adecuadamente a las mismas dosis de medicación. Sin embargo, muchos otros van a requerir dosis más elevadas. Por otro lado, inicialmente algunos niños responden bien a una dosis baja de medicación y posteriormente requieren un leve aumento en la dosis luego de algunas semanas. En general, los ajustes de las dosis, en el primer tiempo requieren de una interacción de los padres con el neurólogo para reportar cuáles son los efectos observados en el niño.

P. ¿Cuánto tiempo necesitará tomar medicamentos? ¿Tendrá que seguir tomándolos cuando sea adulto?

R. No necesariamente, aunque el TDA/H es una condición crónica, su severidad y su curso de desarrollo son variables. Se estima que hasta un 67% de los niños con el TDA/H continuarán presentando síntomas en la adultez. Para estos adultos puede ser útil continuar en un tratamiento que incluya los medicamentos.

P. ¿El medicamento debe tomarse sólo cuando el niño está en la escuela?

R. Esto debe decidirse con el médico y con el equipo terapéutico. Los niños, frecuentemente, pueden beneficiarse de la medicación cuando no están en la escuela porque la misma puede ayudarles a un mejor desempeño social, en las relaciones con los compañeros, en el hogar y con las tareas escolares. La medicación puede ser de ayuda para los niños que participan en actividades que requieren atención sostenida, tales como programas musicales, debates o hablar en público, y los deportes organizados.

P. ¿ Tienen los niños que tomen medicamentos psicoestimulantes más probabilidad de presentar problemas de abuso de sustancias cuando sean adultos?

R. No. A pesar de que hay un potencial de abuso cuando se usan mal, en aquellos que están siendo tratados apropiadamente, los medicamentos psicoestimulantes no causan el desarrollo de adicciones. Varios estudios que le han dado seguimiento a niños con el TDA/H por 10 años o más apoyan la conclusión de que el uso clínico de estos medicamentos no aumenta el riesgo del abuso de sustancias posteriormente. De hecho, es más probable que surjan dificultades emocionales, incluyendo el abuso de sustancias, cuando un niño con el TDA/H no recibe tratamiento.

6. Posibles efectos secundarios de los medicamentos para el TDA/H

La mayoría de los efectos secundarios inmediatos relacionados con los medicamentos han resultado ser leves y de corta duración. Los más comunes son una leve reducción del apetito y posible dificultad para dormir. Algunos niños experimentan el llamado *efecto rebote,* es decir, un estado de ánimo negativo o un aumento en la actividad cuando la medicación está perdiendo su efecto. Esto tiende a ocurrir en los más pequeños, y usualmente se observa solamente cuando el pequeño regresa del colegio a la casa.

Para los medicamentos de acción corta, estos efectos secundarios usualmente se manejan con un cambio en la dosis y en la rutina de administración, o cambiando a una fórmula de acción prolongada. En ocasiones, se presenta dolor de cabeza o de estómago, efectos que desaparecen con el tiempo o, si es necesario, con una reducción en la dosis. Puede haber un efecto inicial leve en la ganancia de estatura o peso, pero los estudios sugieren que estos efectos en el crecimiento o el peso final se producen raras veces.

Con frecuencia, los padres informan que la medicación que habían utilizado cuando el hijo era pequeño no funciona una vez que llega a la adolescencia. De ninguna manera es éste el momento para abandonar el manejo médico si fue exitoso. Algunos estudios sugieren que los niños con el TDA/H llegan a la pubertad más tarde que sus compañeros. En cualquier caso, debe supervisarse de cerca el peso y la estatura de cualquier niño que parezca estar rezagado en comparación con sus compañeros, independientemente de que reciba apoyo para las dificultades derivadas de su cuadro.

Un efecto secundario poco común puede ser el desenmascaramiento de tics latentes o movimientos motrices involuntarios, tales como parpadear, encoger los hombros y aclarar la garganta. Los medicamentos psicoestimulantes pueden facilitar el surgimiento de un trastorno de tics en los individuos susceptibles, pero no es un efecto secundario que se dé con frecuencia. Generalmente, el tic desaparece si la medicación se suspende. Para muchos jóvenes, los tics vocales (aclarar la garganta, husmear o toser más allá de lo que es normal) o los tics motrices (pestañear, hacer muecas, encoger los hombros, virar la cabeza) ocurrirán como un fenómeno concurrente con el TDA/H por un tiempo limitado. La medicación puede hacer que se noten antes o puede hacerlos más notorios de lo que hubieran sido sin la medicación, pero con frecuencia desaparecen, aun cuando el individuo todavía esté bajo tratamiento farmacológico (CHADD, 2000).

VII. Manejo del SDA/H en la escuela

Introducción

La escuela es la primera instancia fuera del ámbito familiar que juzga las potencialidades y posibilidades de los niños y también es el lugar donde se hacen más evidentes sus problemas atencionales y sus conductas disruptivas. Como es natural, tales síntomas generan problemas para los profesores, en especial cuando los medios con que se cuenta son escasos o cuando se debe atender a cursos muy numerosos.

Distintos autores (profesores, psicólogos, orientadores, psicopedagogos) se han preocupado del manejo de estos niños a nivel escolar, en un intento de contribuir a que los maestros cuenten con herramientas de apoyo que les permitan atender a las necesidades educativas de los alumnos con déficit atencional a nivel de sala de clase, tanto en lo cognitivo como en lo relacional.

Las formas propuestas para manejar las dificultades y también para responder a las necesidades educativas de los niños responden, en gran medida, a las teorías e hipótesis que las sustentan. Es así que diferentes autores, según sea su enfoque, proponen distintas soluciones y modos de abordar los problemas, privilegian los aspectos cognitivos, los métodos de autorregulación, los entrenamientos conductuales, desarrollan metodologías para el aula, se centran en los problemas emocionales. En la medida que se apliquen en forma consistente y que el profesor esté convencido de lo que está haciendo, todas estas estrategias pueden complementarse en la medida que también atienden a diferentes aspectos de un problema de por sí complejo.

Asimismo, conviene recordar que no todos los modelos pueden ser aplicados a cualquier edad, y que dependen de las características particulares en que el cuadro se presente en cada niño, en la comorbilidad, en los recursos del niño, en el apoyo familiar de que se disponga, etc. En esa medida, estas estrategias son sólo sugerencias, ideas, esquemas de acción que deben adaptarse a cada niño de acuerdo a sus características y sus necesidades.

Algunos de los modelos de intervención pueden tener formas de trabajo con el niño que se superponen o que son comunes a más de una perspectiva. No obstante, se incluyen, ya que, aunque la sugerencia pueda ser la misma, dentro de cada modelo puede tener connotaciones y modos de aplicación diferentes.

1. Modelo de habilidades y competencias

Leung y Connolly (1996) recomiendan considerar las fortalezas de los niños con SDA/H y conocer qué actividades les son más motivadoras. Describen intereses comunes a una mayoría significativa de niños con TDA/H, para desde ahí diseñar actividades que capitalicen sus potencialidades.

Hay acuerdo en el gran interés por la naturaleza y el medio ambiente que habitualmente tienen estos niños, lo que, sumado a su temperamento creativo y su sensibilidad visual, los hace excelentes participantes en actividades al aire libre, en tareas menos estructuradas que las rutinarias dentro de la sala de clases. En este contexto, ellos pueden emplear su creatividad y hacer aportes que contribuyan a mejorar su imagen ante sus compañeros (posibilitarles situaciones en que su desempeño sea exitoso). En la misma línea de validar su creatividad y fomentar la participación en actividades menos estructuradas, algunos de ellos poseen talento musical y pueden disfrutar o expresarse a través de la música, lo que ayuda a que tengan una actitud más positiva frente al aprendizaje.

Otra área en la que ellos pueden destacar es la computación y la electrónica, aprovechando sus destrezas y habilidades (que en general emplean en juegos); es por ello que se les pueden encargar proyectos en que estas habilidades se pongan al servicio de objetivos pedagógicos. Al mismo tiempo, es posible que por sus (en general) disminuidas aptitudes lingüísticas no rindan bien en asignaturas en que el lenguaje sea el vehículo principal para expresar sus potencialidades.

No obstante, manifiestan curiosidad por las asignaturas científicas y tecnológicas, por lo que se debe estimular su participación en actividades de investigación relacionadas con esas áreas del conocimiento. La clave es canalizar su energía poniéndola al servicio de proyectos desafiantes que atraigan su interés y los motiven a trabajar y persistir en el logro de los objetivos educacionales. Centrarse en las competencias de los estudiantes más que en sus déficits ayuda a prevenir el desarrollo de actitudes negativas frente al sistema escolar, y a disminuir el riesgo de presentar problemas secundarios a sus problemas de concentración y de comportamiento.

2. Programas y ambientes de trabajo estructurados

Otros modelos apuntan a establecer programas de apoyo, estrategias psicopedagógicas y a estructurar ambientes de trabajo. En relación a lo primero, Benavente (1999) propone la realización de los siguientes programas:

- Programa para mejorar la concentración, que incluye ejercicios de imaginería, *"contacto con mi fuerza"* y ejercicios de yoga.
- Programa para el control de la impulsividad, que comprende el entrenamiento en autoinstrucción, el aumento de la demora de respuesta y el modelaje.
- Programa de control de la hiperactividad, donde los ejercicios de relajación son un pilar fundamental.
- Programa de técnicas y hábitos de estudio, en lo que se incluye lugar de estudio y metas, entre otras actividades.

En relación a la estructuración de sus ambientes de trabajo. Gorostegui (1998) plantea las siguientes sugerencias:

- Orientar la atención del niño hacia el problema o tarea que se le plantea. Ayudarle a descubrir y seleccionar la información relevante y a organizarla y sistematizarla.
- Proporcionar pautas consistentes sobre lo que debe hacer, entregándole instrucciones en forma parcelada, e incluso, si es nece-

sario, enumerar los pasos de la tarea. Reiterar las instrucciones es un punto clave en la ayuda.

- Las rutinas de trabajo deben ser claras, sin variaciones imprevistas.
- Estructurar externamente su entorno y, en particular, organizar sus actividades escolares proporcionándole pautas de trabajo, acompañándolo y dirigiéndolo en su tiempo de estudio. La sola presencia del adulto (profesores, padres y otras personas) tiene un efecto significativo en su desempeño.
- Ocasionalmente, pedir al niño que no responda hasta que se le pida expresamente que lo haga. Si falla, ayudarle a darse cuenta que su aceleramiento puede ser causa importante de sus errores.
- Evitar los ambientes de trabajo artificialmente deprivados de estímulo, de factores visuales y auditivos, los que han mostrado ser de escaso beneficio para ellos, pese a lo difundido de esta creencia. Más que otros niños, requieren motivación externa, tareas significativas, situaciones de aprendizaje ágiles y novedosas que atraigan su interés y que impliquen un desafío.
- Recordar al niño, con frecuencia, que debe pensar antes de responder, planificar su trabajo, hipotetizar soluciones y detenerse a tratar de comprobar si son correctas, comparar sus respuestas con otras alternativas posibles. Favorecer procesos de pensamiento orientados a la reflexión y verbalizaciones sobre la propia actividad mental.
- No proponer actividades con límites de tiempo que, obviamente, favorecen conductas impulsivas porque contribuyen a acelerar y a desorganizar al niño.

3. Estrategias conductuales

Las estrategias conductuales para manejar a los niños con trastornos del aprendizaje, en general, y a los niños afectados con SDA/H, en especial, se basan en ciertos principios postulados por las teorías del aprendizaje, los que es importante conocer para seleccionar y utilizar los más adecuados para cada uno. Un principio básico en estas teorías consiste en considerar que el organismo siempre busca maximizar el placer y minimizar el dolor (Krumboltz y Krumboltz, 1972; Skinner, 1950, en Frostig y Maslow, 1973).

A partir de esto se deduce un primer principio: *aumentarán las conductas que obtengan alguna recompensa o consecuencia positiva*. Esto implica que las conductas de los niños que el educador considere adecuadas deben tener alguna consecuencia positiva para que aumente su frecuencia, y las recompensas obtenidas deben tener ciertas características; por ejemplo: dulces, palabras de aliento, atención, buenas notas, permiso para participar de eventos importantes, dinero, inclusión en alguna organización, comunicación con otra persona, etc. Al entregar recompensas por realización de conductas adecuadas, éstas deben estar claramente identificadas a medida que se monitorean sus avances y frecuencias de aparición.

Los diferentes refuerzos utilizados no son válidos para todos los niños, sino que dependen del momento, el contexto, los intereses, las características, las fortalezas y debilidades de cada uno. Para que los refuerzos sean efectivos y logren el objetivo deseado, al comienzo es necesario que se apliquen inmediatamente después de la conducta esperada. Una vez que la conducta ha sido aprendida, es importante que el niño sepa que el refuerzo no siempre puede ser inmediato. También es importante que la persona que refuerce la conducta positiva sea valorada por el niño, y en este sentido cualquier adulto que cumpla esa condición puede constituirse en un agente potencial de cambio de la conducta. Además de lo planteado, es fundamental que el niño aprenda a reforzarse a sí mismo, a medida que tenga claros los logros que se ha propuesto alcanzar.

El *principio de aproximaciones sucesivas* es el segundo a considerar cuando se requiere modificar conductas. Éste implica que una conducta nueva debe ocurrir varias veces y pasar por mejorías graduales, antes de obtener su aprendizaje final; es decir, es necesario reforzar las aproximaciones del niño a la conducta deseada y no esperar a que finalmente lo logre completamente para reforzarlo. Otro elemento para desarrollar una nueva conducta es que el niño pueda observar a una persona valorada por él realizando la conducta deseada.

Un tercer principio para modificar conductas se refiere al de *modelamiento,* en que personas valoradas por el niño, ya sea un miembro de la familia, un educador o un compañero, le significan modelos de aprendizaje a imitar. Por ejemplo, observar a un compañero hacer una agenda para organizar su tiempo puede estimularlo a hacer lo mismo, más que una instrucción del profesor en ese sentido.

Un cuarto apartado se identifica como el *principio de discriminación.* Éste implica que para que el niño aprenda la conducta requerida en el momento, situación o contexto adecuados, es necesario que tenga acceso a claves directrices claras que lo orienten y le sirvan de recordatorio.

Otros dos principios a considerar son el de *sustitución,* en que se cambia un refuerzo por otro, y el de *extinción,* en que no se refuerza la conducta que se quiere extinguir. Por ejemplo, si grita para pedir algo, no dárselo hasta que lo solicite en forma adecuada y sin chillar o exigir que se lo den.

La consideración de los principios conductuales de aprendizaje descritos implica que lo que el niño aprende se relaciona fuertemente, la mayoría de las veces, con las consecuencias que sus acciones tienen en el medio y con las respuestas que recibe de los otros. Por consiguiente, también se puede modificar la conducta desadaptativa de los niños a través de técnicas que permitan manejar esas consecuencias.

Frostig y Maslow (1973), en la misma línea, sostienen que los niños deben obtener recompensas frecuentemente. Considerando que cada uno parte de su propio nivel y aprende a su propio ritmo, no se debe recompensar necesariamente cuando alcanza una meta determinada, sino también cada vez que realiza un progreso en la dirección correcta. Para ello es indispensable delimitar cuál es la línea de base desde donde el niño parte, es decir, cuáles son sus conductas de entrada y qué posibles pasos se pueden dar a partir de ese punto. Qué fortalezas posee el pequeño, para capitalizarlas, y cuáles son sus debilidades, para compensarlas.

El educador debe definir metas y objetivos y tener claro el comportamiento que desea aumentar o eliminar. Esas metas y objetivos, y los comportamientos que ayudan al niño a alcanzarlas, no sólo deben

estar claras para el educador, sino también para el alumno. Especialmente con los niños SDA/H es importante que esas metas no sean demasiado lejanas o percibidas como inalcanzables por ellos.
Estrategias de intervención conductual adicionales incluyen el
llamado tiempo/fuera de refuerzo positivo, procedimientos de reducción basados en el refuerzo e intervenciones cognitivo-conductuales
(Abramowitz, 1991).
En la perspectiva del manejo de contingencias, B. Gargallo (1993)
propone el siguiente modelo de intervención:

• *Delimitación clara de las conductas que hay que cambiar.* Observar y registrarlas, detectando qué conductas son las más disruptivas en la sala de clases para cambiarlas por otras más
  adaptativas. Utilizar con este fin una hoja de observación para
  delimitar las conductas y su frecuencia.
• *Análisis minucioso de las contingencias existentes.* Cortar todo
  apoyo o refuerzo que favorezca la aparición de la conducta inadecuada. Ignorar esta conducta. Reprenderlo de manera suave
  y personalizada. Tratar que el resto del curso ignore esa conducta, para evitar el refuerzo que implica el llamar la atención
  de sus compañeros.
• *Construcción de un nuevo sistema de contingencias* acorde con
  los objetivos propuestos. Retirar los refuerzos positivos a la mala conducta para extinguirla y, si esto no es posible, recurrir a las
  contingencias de refuerzo negativo, en la siguiente secuencia: a)
  ignorar la conducta, b) alejarse del niño y no hacerle caso, c) ala-
  bar a otros niños que se portan bien

3.1. *Programas de modificación conductual*

A. Russell (1993) plantea recomendaciones generales, basadas
en un enfoque conductual, para realizar un programas de manejo de
las conductas del niño. Estas orientaciones están dirigidas tanto a los
padres como a los educadores El autor conceptualiza el síndrome
como un déficit biológico en la persistencia del esfuerzo, en la inhibición de la conducta y en la motivación. Sus recomendaciones son
las siguientes:

a) *Consecuencias inmediatas.* Los niños con SDA requieren retroalimentación a sus conductas y actividades en forma más inmediata que los no afectados por el síndrome. Ellos tienden a estar menos regidos por reglas en las situaciones cotidianas y, por consiguiente, son más sensibles a las contingencias y consecuencias de sus acciones.

Un punto central para generar cambios, si se quiere lograr una efectividad máxima, es entregarles retroalimentación clara y específica inmediatamente después de que realicen alguna conducta positiva.

La retroalimentación puede consistir en elogios o alabanzas, siendo aconsejable que siempre vaya acompañada de una descripción explícita de la actividad o conducta positiva que el niño haya realizado. La retroalimentación también puede ser dada en forma de una expresión de afecto o incluso de premios, como privilegios extras u, ocasionalmente, alguna golosina. Cuando la conducta de los niños con SDA requiera ser modificada más rápidamente, pueden introducirse sistemáticamente programas de recompensa artificiales, como sistemas de puntos o signos, y mantenerlos por varios meses.

b) *Utilizar con mucha frecuencia los refuerzos positivos.* Los niños con SDA requieren recibir refuerzos con más frecuencia que los alumnos normales. Es decir, las personas que están a cargo de su educación deben reforzar más a menudo a estos pequeños. La idea es que tengan información inmediata sobre las consecuencias de su desempeño. Se sugiere tomar precauciones frente a la excesiva aplicación del refuerzo, porque puede transformarse en algo irritante y cansador para el adulto y perder eficacia frente al niño.

c) *Utilizar refuerzos poderosos.* Los niños con SDA requieren refuerzos potentes para motivarlos a seguir reglas, hacer sus tareas, desarrollar su trabajo o comportarse bien, ya que tienen una menor sensibilidad a las retribuciones, recompensas y otros refuerzos. Esto explica por qué los comentarios verbales o elogios que reciben son rara vez suficientes por sí solos o en forma aislada. Por esta razón, además de la alabanza, el adulto debe proporcionarles refuerzos más significativos, como muestras de afecto, privilegios, golosinas, puntaje o signos, premios materiales como pequeños juguetes o ítems coleccionables.

El autor plantea que estos niños son menos sensibles a las recompensas o retribuciones intrínsecas de una actividad (como el placer de leer, el deseo de agradar a los padres, el orgullo de realizar una tarea, etc.) como fuentes de motivación. Por ello, la naturaleza de su déficit dictamina que se necesiten refuerzos más potentes y concretos, para así desarrollar y mantener las conductas positivas, al menos inicialmente.

d) *Utilizar preferentemente incentivos más que sanciones.* Los adultos a cargo del niño deben tener presente la regla que "es necesario ser positivos antes que negativos" al momento de poner en práctica un programa de cambio conductual. Esta regla simplemente indica que cuando una conducta negativa o indeseada requiere ser modificada, el adulto debe primero redefinirla buscando una alternativa posible y deseable frente a la conducta que se quiere modificar. Esto permite focalizarse en esa conducta positiva y elogiarla y premiarla cuando se presenta.

Solamente una vez que esta nueva conducta ha sido recompensada consistentemente, durante por lo menos una semana, los padres o educadores podrán utilizar algunas privaciones de privilegios en forma muy cuidadosa.

e) *Ser consistentes en la aplicación de normas.* Esto significa tres cosas importantes:

Primero, el adulto tiene que ser consistente a través del tiempo en cuanto a la forma en que reacciona a la conducta cada vez que ocurre. Según el autor, las principales variables para que fracase un programa de cambio conductual son la inconsistencia y la impredictibilidad de las acciones de los adultos frente al niño. Un corolario importante de esta regla es no darse por vencido demasiado pronto cuando se está iniciando un programa, ya que a los niños con SDA, generalmente, les lleva cierto tiempo acostumbrarse a un nuevo patrón educativo.

Segundo, la consistencia también significa responder de la misma forma en diferentes lugares y ambientes frente a la conducta del niño. Los niños con SDA necesitan saber qué se espera de ellos, cuáles son las reglas y las consecuencias.

Y tercero, la consistencia también significa que los padres y los educadores deben manejar la conducta de los niños de la manera más semejante posible.

f) *Planificar estrategias para enfrentar situaciones problemáticas.* Cuando los adultos que están a cargo de los niños se enfrentan a conductas disruptivas o difíciles, se aconseja que sean capaces de anticiparse a los problemas que éstas suponen y planificar de antemano la mejor forma para enfrentarlas. Al desarrollar el plan correctivo es necesario compartirlo previamente con el niño. Las probabilidades de que ocurran conductas problemáticas se reducen en forma significativa cuando el plan educativo es compartido.

g) *Tener una clara perspectiva de la magnitud de las dificultades del niño.* Las personas responsables del niño deben recordar siempre que ellos son adultos y que sirven de modelo de conductas positivas. Al respecto es recomendable lo siguiente:

• Tratar de mantener un distanciamiento psicológico ante las conductas disruptivas del niño.
• Esforzarse en mantenerse calmados ante sus manifestaciones disruptivas.
• Mantener el sentido del humor acerca del problema y tratar de seguir las recomendaciones sugeridas anteriormente al relacionarse con el niño.
• No personalizar el encuentro problemático con el niño, recordando siempre que están tratando con alguien a quien generalmente le cuesta más que al resto comportarse en la forma deseable.
• Practicar el perdón. Según el autor, esta recomendación es la más importante y a la vez la más difícil de implementar. El adulto debería detenerse, reflexionar y comentar los conflictos con el niño, dando la oportunidad de comenzar de cero una vez que han sido analizados.

Otro ejemplo de aplicación de técnicas basadas en los principios de modificación conductual son las recomendaciones de Witt, Elliot y Gresham (1988):

• *Intervención directiva del educador.* Sugieren que una instrucción directiva y explícita de parte del educador y el establecer un foco académico y orientado al grupo son necesarios para que los niños con SDA/H puedan atender y realizar de manera provechosa sus tareas y utilizar sus habilidades académicas. Los maestros efectivos planifican y estructuran las clases, enfatizando las conductas deseadas, proveen ejemplos de ellas, ofrecen oportunidades para practicar y para que los niños tengan éxito, los dirigen a poner atención en los aspectos relevantes y actúan como modelos efectivos de aprendizaje. Dentro de estos acercamientos hay dos estrategias muy positivas de mejoramiento del desempeño escolar.

- *Análisis aplicado de la conducta.* Sobre la base del condicionamiento operante recomiendan aplicar medidas directivas y repetidas de las conductas observables. Cuando una determinada conducta es identificada como deseable, el educador se la plantea al niño para que logre un cambio, se asegura de promover medios que permitan su progreso a través de las condiciones y refuerzos pertinentes y realiza una evaluación diaria para tomar decisiones basadas en datos de medición de las conductas. En este caso, el principio de contingencia hace posible la modificación conductual y sugiere implementar conductas que puedan ser generalizadas más adelante a situaciones distintas de aquellas para las que fueron entrenadas. Este principio no está recomendado para enseñar conductas que no estén previamente en el repertorio del niño. Las tareas involucradas deben ser divididas en pequeños pasos y dar un entrenamiento directivo para el logro de la modificación conductual.
- *Instrucción directa.* Se enfatiza el refuerzo positivo, el desempeño dirigido del niño y sugieren una enseñanza estructurada y explícita. Se le enseña a usar reglas o estrategias verbales para operar sobre diversos ítems que, mayoritariamente, son situaciones problemáticas que debe aprender a resolver y en las cuales se enfatiza establecer relaciones que el niño debe aprender a verbalizar para operar sobre ellas.
- *Intervención autodirectiva.* Proponen estrategias en que se favorece una participación activa del niño en la implementación de conductas positivas que le eviten ser simple receptor pasivo de un control externo. Con este fin se le proporciona una instrucción directiva y se entrega un modelamiento de sus conductas. Luego, se fomenta controlar su lenguaje, tanto en las conversaciones como en su discurso interno, como una manera de

inhibir sus impulsos, seleccionar alternativas correctas y guiar su conducta hacia desempeños adecuados. Por ejemplo, el adulto modela una conducta a la vez que la comunica en voz alta, lo que realiza mientras el niño le observa; posteriormente, el menor desarrolla la acción mientras la persona mayor la expresa oralmente. A continuación, el niño verbaliza mientras realiza la conducta adecuada, luego hace lo mismo, pero susurra la conducta y, por último, memoriza lo aprendido.

La idea de usar el lenguaje como herramienta de control motor facilita que la conducta del niño pase de estar controlada por la verbalización externa del adulto, a estar bajo el control de su propio lenguaje interno. Al considerar al niño como un participante activo de su aprendizaje, se valora entrenarlo en autoevaluación o autorrefuerzo. El beneficio de esta técnica es que permite generalizar las conductas adecuadas con mayor facilidad.

3.2. *Extinción de conductas desadaptativas*

Cuando es indispensable, atendiendo a lo desadaptativo de la conducta, se puede intentar extinguirla mediante *tiempo de privación,* o *time out.* Esto significa privarlo de la contingencia favorable (refuerzo social en este caso) que puede significar, por ejemplo, el ser el centro de la atención de sus compañeros. El tiempo de privación sería sacarlo de la sala de clases por un momento.

La idea no solamente es privar al niño del refuerzo positivo, sino también hacerle enfrentar el costo de su mala conducta, por ejemplo pagar puntos cada vez que realiza la conducta que se desea extinguir. La sobrecorrección también es un buen recurso y consiste en que el niño repare lo que ha hecho, pida disculpas al compañero y/o le entregue su propio juguetc si rompió el del amigo.

Si el niño continúa realizando conductas desadaptativas, se recomienda utilizar señales: avisos verbales, papeles de colores, darle un tiempo para reaccionar, etc.

Como regla general, mantenerse calmado y responderle con un tono claro y preciso si el niño adopta actitudes desafiantes. En ese momento es indispensable no caer en la *escalada de poder,* tratando de demostrarle quién puede más. Obviamente, no es un buen recurso responder al desafío con otro desafío. En esos casos resulta más eficiente modelar conductas de tranquilidad y coherencia en su actuación, ser empático, hacer entender al niño que uno comprende que pueda estar enojado (lo que no significa que aliente esa actitud), pero que hay otras formas de manifestar el malestar que pueda estar sintiendo.

Cuando es necesario usar estas técnicas, se debe tener la precaución de ser muy cálido y acogedor cuando el niño lo está haciendo bien, de manera que no se comprometa la relación afectiva con él por un uso excesivo de técnicas de extinción en ausencia de vínculos nutritivos y afectuosos.

3.3. Manejo de hiperactividad e impulsividad verbal

R. Lewis y D. Doorlang (1983) plantean una serie de recomendaciones dirigidas a los maestros para solucionar los problemas atencionales y las conductas disruptivas de los niños con SDA/H relacionadas con su conducta verbal impulsiva, sus movimientos dentro de la clase, sus dificultades de relación con sus compañeros y sus problemas de estudio.

Conducta verbal impulsiva. Los niños que hablan impulsivamente alteran el fluir normal de la clase, distraen al educador e interrumpen el trabajo de sus compañeros. Son ejemplos de su conducta verbal inapropiada el no respetar su turno para hablar, hacer comentarios irrelevantes, discutir con el maestro o con sus pares en forma desatinada y charlar con sus compañeros mientras el educador dirige la clase. Para disminuir la frecuencia de esta conducta, los autores recomiendan:

- Reforzar a los estudiantes que son buenos modelos de conducta verbal, es decir, a aquellos que sólo hablan en los momentos apropiados. Dar refuerzos sumamente notorios para que los escolares impulsivos sientan que vale la pena imitarlos.
- Reforzar a los alumnos cuando realizan una conducta adecuada, por ejemplo levantar la mano para responder una vez que el maestro haya formulado una pregunta. Identificar claramente la razón del refuerzo. Decirle: *"Eres muy controlado, indicas para pedir la palabra".*

- Establecer un sistema en que los alumnos pierdan puntos cuando no respetan su turno para hablar o interrumpen a los demás.
- Llevar un registro de las veces que los estudiantes hablan en forma impulsiva. Ellos pueden graficar el dato cada día durante una semana y luego computarlos al final de ésta. La meta debe ser disminuir el número de veces que alteran la norma establecida.

3.4. Movimiento alrededor de la sala de clases

Un problema frecuente para los profesores son los niños que se mueven alrededor de la clase en momentos inapropiados para hacerlo. Estos alumnos se levantan de su asiento durante los períodos de instrucción e interrumpen al maestro cuando está dando información o a sus compañeros o cuando realizan una actividad que requiere concentración; esto interfiere con su propio trabajo escolar y perturba el de los otros. Algunos permanecen sentados pero están en constante movimiento: tamborilean la mesa con sus dedos, mueven el estuche, se acomodan y reacomodan en sus asientos, suben y bajan sus pies, etc. Para disminuir la frecuencia de estas conductas, los autores recomiendan:

- Establecer claramente con los estudiantes cuáles son las normas relativas a cuándo permanecer sentado y cuándo moverse dentro de la clase. En general, no es recomendable mantener normas demasiado rígidas en este sentido, en especial para niños muy inquietos, ya que muchas veces sus movimientos están fuera de su control voluntario.
- Proporcionar frecuentes refuerzos a la conducta apropiada. Por ejemplo, los niños pueden recibir un premio por estar quietos durante una actividad específica. Si el refuerzo se proporciona a su grupo de trabajo, los otros compañeros lo estimularán a permanecer sentado.
- Darles oportunidades para que se muevan. Por ejemplo, pedirles que lleven a la oficina de la directora un determinado encargo. La costumbre de enviarlos al patio para que corran hasta cansarse no es una buena práctica, porque los niños afectados de SDA/H generalmente están extenuados porque atienden a todos

los estímulos sin seleccionar los relevantes, y la carrera los fatiga aún más y podría dificultar su capacidad de aprender.
• Usar la extinción para reducir la frecuencia de los movimientos inapropiados. Esto es, no proporcionarles atención cuando, por ejemplo, hacen "payasadas" para llamar la atención de los demás.
• Invitarlos a trabajar con niños tranquilos que les sirvan de modelo.
• Hacer que ellos mismos registren sus conductas de permanecer sentados. Pueden comenzar con intervalos de 5 o 10 minutos y anotar si permanecen tranquilos durante ese tiempo.

3.5. Las relaciones interpersonales

Un número significativo de niños con SDA/H tienen dificultades para interactuar con sus pares. Este tipo de problema dentro de la sala de clases puede caracterizarse por conductas agresivas o de aislamiento de sus compañeros. En ambos casos los niños no establecen ni mantienen relaciones satisfactorias con sus compañeros y maestros. Ejemplos de conductas agresivas son pelear, rehusar a seguir instrucciones y antagonizar en forma continua. En contraste, ejemplos de retirada implica tener limitadas interacciones con sus compañeros y profesores y evitar tanto la proximidad física como la comunicación verbal. Para desalentar estas conductas, los autores recomiendan lo siguiente:
• Proporcionar a los niños ejemplos de conductas no agresivas que pueden ser usadas dentro de situaciones que podrían conducir a la agresión. Una manera de hacerlo es utilizar buenos modelos, éstos pueden ser los propios maestros, compañeros, películas o videos.
• Utilizar juego de roles para ayudar a los niños a practicar respuestas no agresivas. La simulación proporciona a los estudiantes oportunidades para ensayar y aprender conductas adecuadas antes de enfrentarlas en la vida diaria.
• Enseñarles a responder en forma no agresiva frente a ataques físicos o verbales. Las opciones incluyen pedir ayuda, abandonar el área o decir algo no agresivo. El responder a la agresión con agresión sólo logra iniciar una escalada de poder y violencia en la que todos salen perdedores y que adicionalmente representa

una conducta que no se debe incentivar con el ejemplo. Ellos necesitan manejar un rango de respuestas alternativas y saber usarlas en la situación apropiada.

- Reforzar a los niños cuando hayan sustituido una conducta agresiva por una adecuada.
- Ignorar sus conductas verbales inadecuadas o excesivas (usar la extinción).
- Retirar la contingencia positiva que mantiene la conducta. Puede consistir en cambiarlo a un ámbito donde no recibirá el refuerzo de una actividad gratificadora. Este tipo de intervención debe ser utilizado las menos veces posibles, pero a veces es necesario para solucionar un problema de conducta. Por ejemplo, dejarlo sólo una vez sin la hora de computación si presenta conductas agresivas con sus compañeros (si es que la computación resulta una actividad gratificante para él).
- Estimular la interacción social de los niños que se retiran o aíslan por medios de técnicas de refuerzo. También se puede reforzar a sus pares cuando cooperan a su integración. Incluirlos en grupos que realicen una actividad interesante y reforzar al grupo y al niño cuando se convierte en un participante activo.

3.6. *Manejo de la contingencia. Aproximación crítica*

Dentro de la línea europea (Baumann y Perrez, 1994), las medidas de terapia de la conducta en el caso de la hiperactividad infantil corresponden a variantes de la gestión de la contingencia, nombre con que ellos se refieren a los planes de modificación de la conducta basadas en la *teoría del aprendizaje*. Se trata de reforzar positivamente (premiar) la conducta adecuada, al principio, durante períodos muy breves, incluso de un par de minutos, y de retirar la recompensa cuando aparece la conducta hiperactiva, ya sea en la escuela o en el hogar.

A pesar de la gran cantidad de modelos de modificación conductual que están vigentes en la actualidad, especialmente en EE.UU. y en América Latina, este tipo de intervenciones tiene detractores, especialmente en Europa. En Alemania, Francia y otros países europeos se considera que el tratar a los niños hiperactivos y con déficit de atención por medio de gestión de contingencias (como procedimiento para reducir la hiperactividad por medio de extinción, castigo y refuerzo diferencial) ha fracasado, porque las modificaciones logradas no permanecen estables en el tiempo y no se logra generalización de la respuesta, en especial en actividades cognitivas (Baumann y Perrez, 1994).

Este manejo puede ser apoyado farmacológicamente, en la medida que a través del fármaco se logran períodos más largos de tranquilidad, lo que posibilita que su conducta se premie en más oportunidades. Muchos niños hiperactivos logran lapsos de tiempo más o menos prolongados de tranquilidad motora en algunas situaciones; tales situaciones deben ser aprovechadas para elevar la frecuencia de las recompensas.

4. El aporte de los modelos ecológico-sistémicos

La revisión bibliográfica revela la importancia que tiene en el curso y pronóstico de los niños con TDA/H la planificación de un programa de apoyo, el tratamiento farmacológico del síndrome y el manejo coordinado a nivel familiar y a nivel escolar. La revisión también revela que, en la actualidad, el tratamiento del síndrome considera los niveles biológicos, psicológicos, familiares y sociales, incluido el nivel escolar.

Este enfoque teórico integrador del tratamiento corresponde a la *teoría general de sistemas,* modelo científico, amplio y flexible que permite englobar una gran variedad de fenómenos que generalmente se disocian en el análisis de las ciencias físicas o sociales.

En la psicología, la teoría general de sistemas influye decisivamente en la aparición de modelos de psicoterapia familiar sistémica, que permiten ampliar los focos de intervención, incluyendo los sistemas escolares, familiares y redes de apoyo social como una forma de apoyar a los niños con este tipo de dificultad. No hay que desconocer que el niño con SDA/H tiene comprometido su self social, familiar, escolar, sus vivencias emocionales, su autoestima, su motivación, etc.; por lo tanto, cuanto más amplio y abarcador sea el foco de intervención, es posible esperar mejores resultados.

Por otra parte, como ningún otro problema, el SDA/H compromete a todos los profesionales que en mayor o menor medida se ocupan de los problemas escolares de los niños. Por ello, el manejo transdisciplinario es el que mejor puede resolver las situaciones conflictivas a las que debe responder el colegio, la familia y, sin duda, el niño. Actualmente, se debe incluir también al adulto con secuelas de SDA/H, las cuales dependerán en sus manifestaciones e intensidad de la forma en que SDA/H se haya tratado en la infancia. Los aportes de la *psicología del desarrollo* son, entonces, otra vertiente de análisis y tratamiento a incorporar en el trabajo.

En este sentido, los *modelos de terapia familiar sistémica,* en cuya base epistemológica se encuentra la teoría general de sistemas, son muy apropiados, dado que amplían el foco de intervención a todos los sistemas y subsistemas involucrados. Respecto de la forma en que el terapeuta familiar debe abordar en terapia a las familias con niños, ya sea que presenten SDA/H u otros problemas, el doctor Eduardo Carrasco (2003) plantea que el terapeuta debe ser capaz de reconocer los procesos relacionales que se despliegan en el sistema terapéutico con una familia, para guiar su participación en forma terapéutica. En esta misma línea, debe conocer bien el desarrollo infantil-adolescente.

Además de lo que se relaciona con el conocimiento del sistema familiar y sobre desarrollo infantil, es clave la forma en que se relaciona con los niños, debe tener conocimiento y práctica de técnicas de terapias con niños, en especial de juego o de técnicas gráficas y dramáticas.

En cuanto a la conducción del proceso terapéutico, tanto en lo que se refiere a las dinámicas de la alianza terapéutica que construye como a los criterios para definir el encuadre y los tiempos de la terapia o para proponer derivaciones, debe ser un experto en el tema, de modo que sus propuestas tengan un sólido fundamento relacional y evolutivo.

Considerando que en una terapia familiar con niños no es raro que el problema se centre en uno o ambos padres o en la relación de pareja de éstos, el terapeuta debe reconocer indicadores que le permitan saber cuándo es necesario derivar para una consulta psiquiátrica, una psicoterapia individual o una terapia de pareja.

Un terapeuta debe saber cuándo una terapia con la familia no es suficiente para el abordaje de un determinado problema del desarrollo infantil o cuándo el problema planteado incluye conductas sintomáticas que requieren otro tipo de intervenciones alternativas o complementarias.

Finalmente, debe manejar el difícil tema del maltrato o abuso sexual a niños dentro de su propia familia. La frecuencia y a veces la gravedad y dificultad que plantean estas realidades obliga a tener un conocimiento suficiente y a no considerarlo un tema de "especialidad". De esta obligación no escapan los profesores, quienes habitualmente son los primeros en detectar dificultades de este tipo en los niños, dada su cercanía con ellos, lo que también debe mantenerlos alerta sobre cambios de conducta cuyo origen no quede claro.

Independientemente de la intervención del psicoterapeuta familiar, frente a la necesidad de planificar un programa de apoyo a nivel escolar y familiar, de las conductas disruptivas y los problemas derivados del síndrome, es importante conocer cuáles son los principales factores que influyen en una evolución positiva en la hiperactividad infantil (Orjales, 2001).

Es compartida la idea de que la detección temprana del problema es un elemento positivo en todos los casos. El diagnóstico precoz permite la aplicación de un tratamiento sistemático en los primeros años de la escolaridad, lo que si bien no soluciona integralmente el problema, al menos permite un buen manejo de las consecuencias negativas para el niño, tanto en ese momento como a futuro.

La familia bien estructurada y organizada es otro elemento clave en el manejo y en el pronóstico del cuadro, de la misma manera que su capacidad para adaptar las exigencias a las posibilidades del niño hiperactivo, sin caer en la sobreprotección. La familia debe transmitir su confianza en la capacidad intelectual del niño, al margen de sus problemas de hiperactividad (Milicic, 1998).

El apoyo escolar, bien entendido, desde los primero cursos, es otro elemento clave en el manejo. No se trata de hacerle sus obligaciones, pero sí de facilitarle la tarea en los aspectos que él más lo necesite. Se recomienda una enseñanza activa y flexibilidad en los métodos de enseñanza utilizados.

La mantención de un entorno escolar y familiar estable, elemento clave en el desarrollo de cualquier niño, para ellos es un elemento crítico.

En cuanto a las características propias del niño, la ausencia de negativismo, oposicionismo, agresividad y trastornos de conducta importantes conforman un pronóstico definitivamente superior al esperable si presenta estos rasgos.

Se espera que la hiperactividad infantil típica de los primeros años de escolaridad remita a medida que el niño crece, aunque persista el déficit atencional en mayor o menor medida a lo largo de la vida. Por lo tanto, aun cuando parezca que el adolescente ha superado sus dificultades de hiperactividad, sus problemas de inatención permanecen ocultos a una primera mirada, y sus efectos devastadores en el rendimiento escolar pueden ser los mismos del niño de los primeros cursos.

5. Tratamiento de la hiperactividad

En la línea del tratamiento de la hiperactividad, R. E. Valett (1984) propone una serie de ejercicios que se organizan en torno a tareas de relajación primero, y luego de control muscular. Durante el trabajo con el niño se utiliza permanentemente la retroalimentación, en la línea de informarle cómo lo está haciendo, para luego enseñarle que haga un registro de sus progresos. El pequeño debe sentir a través de este registro que él tiene control sobre la situación.

Se comienza realizando los ejercicios en forma deliberadamente lenta, para luego privilegiar la cantidad y calidad de los movimientos. Si es posible, la familia debe participar en los ejercicios.

A continuación se proponen algunos ejercicios destinados a entrenar autocontrol. Elementos básicos: una colchoneta, idealmente un videograbador, un equipo de música, un cronómetro y otros objetos que se indican en cada ejercicio.

Se tiende al niño sobre la colchoneta: "Acuéstate, estira brazos y piernas, cierra los ojos y quédate quieto. Inspira y expira el aire lentamente. Piensa que estás muy relajado. Piensa en tus pies y en cómo los sientes relajados. No te muevas, sigue respirando hondo y lento. Sigue relajando las piernas, la cabeza, etc. Ahora trata de permanecer así tanto tiempo como puedas. Cuando te muevas, abre los ojos y anota la hora en que has terminado el ejercicio y los minutos que lograste estar relajado".

"De pie, pies juntos y manos sobre la cabeza. Cierra los ojos y lentamente mueve los brazos y el cuerpo como si fueras un árbol balanceado por el viento. No muevas los pies. Fíjate en lo lentamente que puedes mover los brazos en diferentes direcciones. Continúa así todo el tiempo que puedas. Luego abre los ojos y registra el tiempo que estuviste haciendo el ejercicio".

"Pon la alarma del cronómetro en un minuto. Siéntate en la silla con los pies sobre el suelo y las manos sobre las rodillas. Cierra los ojos y respira lenta y profundamente, fijándote en cómo entra y sale el aire de tus pulmones. En silencio, cuenta cada vez que entra aire a tus pulmones. Cuando suene la alarma, abre los ojos y anota las veces que respiraste en un minuto".

"Siéntate cómodamente con las piernas cruzadas frente al espejo, con la espalda muy derecha, y ponte un libro (o similar) sobre la cabeza. Mantén el libro en equilibrio mientras te miras en el espejo. Cuando te muevas o se te caiga el libro, anota en la libreta".

"Ponte de pie, derechito, pies juntos y brazos extendidos a los lados. Respira profundamente y relájate. Toma la vara con ambas manos y mantenla derecha. Ahora, levanta la cabeza y mira algo que está frente a ti en la pared. Lentamente, eleva el pie derecho y mantén el equilibrio tanto tiempo como puedas". Repetir con el otro pie e intentar con objetos pesados.

"Ahora vas a imitar mis movimientos, como si fueras mi espejo. Siéntate con los codos sobre la mesa y las manos entrelazadas. Mantén el extremo del péndulo (cadena o cordel con una llave o similar en el extremo) sobre la moneda, unos cinco centímetros sobre la mesa. Concéntrate en sostener el péndulo inmóvil, sin tocar la mesa o la moneda. Cuando ocurra cualquiera de esas dos cosas, anota tu tiempo".

"Mira la mesa y los cuatro vasos boca abajo que están encima; son del mismo color y no puedes ver a través de ellos. Voy a levantarlos uno por uno para que puedas ver que no hay nada debajo de ellos.

Ahora voy a colocar este caramelo debajo de este vaso. Mira atentamente cómo empiezo a mover el vaso. Si mantienes los ojos puestos en él y puedes señalar el vaso correcto cuando yo deje de moverlo, puedes comerte el caramelo". Complejizar el ejercicio con movimientos más rápidos, dos elementos escondidos, etc.

6. Entrenamiento en hábitos de estudio

Las dificultades de los niños con SDA/H para mantener la atención, centrarse en la tarea, permanecer en su asiento, planificar y organizar sus tareas o actividades, se traducen en efectos negativos para su rendimiento académico y, a su vez, sobrecargan a sus maestros en sus intentos de formarles hábitos de estudio. Las recomendaciones para inducir a los niños a mantener la atención son las siguientes:

- Antes de presentar una información verbal importante, usar claves como "escuchen" o "listo ya" para alertarlos a atender y utilizarlas sólo cuando se requiera.
- Proporcionarles un fuerte e inmediato refuerzo cuando muestren atención a la información o se concentren en la tarea.
- Al proporcionar información relevante, sentar a los alumnos en un semicírculo para asegurarse que los niños con SDA/H mantengan un contacto visual con el docente. Explicarles que la atención está muy relacionada con el contacto visual.
- Cuando los niños comienzan a desviar su atención de la tarea o actividad, usar la proximidad física como una forma de estimular su atención.
- Ubicarlos en áreas de trabajo en que haya pocos distractores visuales o auditivos, cuando tengan que realizar trabajos individuales.
- Simplificar los materiales instruccionales que se le ofrecen, de manera que sólo destaquen la información relevante. Por ejemplo, materiales de lectura con muchas ilustraciones pueden ser un factor de distracción de contenido del texto.

Los niños con SDA/H, generalmente, carecen de habilidad para planificar o anticipar sus actividades o tareas, son desorganizados y usan deficientemente el tiempo pasado en clases, suelen olvidar aspectos importantes de las instrucciones sobre cómo realizar la tarea, no hacen las preguntas necesarias, olvidan sus lápices u otros materiales necesarios, etc. Para ayudarlos a aprender a planificar sus tareas y a ser más organizados se recomienda lo siguiente:

- Ayudar a los niños a planificar su tiempo, desarrollando un horario que divida la clase en períodos claramente definidos. Efectuar un listado de las actividades que deberán ser realizadas durante cada período y reforzarlos cuando las hayan realizado dentro del tiempo convenido. Gradualmente, disminuir el apoyo hasta que ellos sean capaces de planificar su tiempo diario o semanal en forma independiente.
- Plantear las instrucciones para las tareas y actividades a ser realizadas en clase en forma clara y concisa, dando sólo la información necesaria, sin detalles superfluos o distractores.
- Presentar las instrucciones en forma verbal y escrita. Los niños pueden primero escucharlas tomando notas, y luego chequear su anotación con las instrucciones escritas.
- Comenzar con instrucciones que tengan pocos pasos. Estimular a los estudiantes para que continúen solos cada uno de ellos. Cuando los niños son capaces de seguir instrucciones simples, se les dan instrucciones más complejas.
- Enseñarles a efectuar preguntas apropiadas relacionadas con instrucciones y proporcionarles un modelo. El modelo puede consistir en una demostración hecha por el profesor o un conjunto de instrucciones escritas para efectuar preguntas cuando la instrucción no sea clara.
- Agrupar a los estudiantes para completar tareas. Reforzar al grupo si sus integrantes finalizan su trabajo y satisfacen los criterios de precisión, de tal manera que los propios compañeros actúen regulando la conducta de los niños más inquietos.
- Hacer un listado de los materiales necesarios para realizar una tarea y chequear que los tengan a mano, antes de iniciar la actividad. Más adelante, estimular a los niños a que hagan el listado en forma independiente.
- Pedir a los padres que establezcan en su hogar un tiempo tran-

quilo para que los niños realicen sus tareas; durante ese tiempo, la televisión o la radio no deberían estar funcionando.

• Trabajar con los padres para establecer en el hogar un programa que refuerce los hábitos de estudio de sus hijos. Los padres pueden comunicarse semanal o mensualmente con el maestro o llevar una lista de cotejo para controlar si sus hijos han respetado el horario asignado para efectuar las tareas dentro del hogar.

Finalmente, M. Haeussler (2003) propone las siguientes estrategias para atraer, mantener y desarrollar la capacidad atencional del niño en la sala de clases. Es claro que al momento de aplicarlas se deberá considerar el curso y la edad del niño, aunque éstas pueden ser especialmente útiles en preescolares y alumnos de primer ciclo básico.

• Utilizar para el apoyo de diferentes materias juegos y actividades donde se promueva la observación analítica de personas, situaciones, láminas, mapas... Por ejemplo, buscar un personaje en una foto, un nombre determinado o un camino en un mapa, encontrar lo que le falta a un dibujo. Libros como *¿Dónde está Wally?,* en este sentido son muy apoyadores y entretenidos para los niños.

• El alumno se concentrará más si está motivado. Atraiga primero su atención contando un cuento atractivo y a partir de ahí llévelo a la tarea que usted desea que realice. Evite las actividades monótonas y repetitivas. Si la mayoría de ellas tienen un sentido, un canto, un cuento, el niño las realizará sin desatender.

• Tenga al niño más distráctil cerca de usted y, sobre todo, dentro de su control visual; ojalá, pudiendo mantener con frecuencia el contacto cara a cara. Él estará pendiente de usted, y eso lo hará concentrarse más.

• Evite el exceso de estímulos en la sala (muros, pizarra, ventanas) y sobre los escritorios. Sea "minimalista" con los estímulos externos y verá que eso ayuda disminuir las distractibilidad de sus alumnos.

• Mantenga un hilo conductor en su clase. No salte de un tema a otro, pues es fácil que los estudiantes se pierdan y se desconcentren. Si esto ocurre con niños sin déficit atencional, en el caso de los que sí lo padecen la inatención se agudiza.

- Trabaje con material de apoyo y visual concreto. Los alumnos se desconcentran más en actividades puramente auditivas.
- Preocúpese de destacar al niño cuando está atento y no cuando *vuela.*
- No sobrecargue al pequeño de exigencias formales y de hacerse cargo de demasiadas variables. No podrá procesarlo todo y, pese a su esfuerzo, algo olvidará.

Reconozca y respete la fatiga en los niños con SDA. Después de algunas horas de clases, él se agota por el esfuerzo de concentrarse y se le nublan las ideas por la fatiga. Frecuentemente, no puede procesar más; esto no es voluntario. Puede parecer inagotable físicamente, sin embargo su capacidad de atención puede estar muy deteriorada. Todo ello dependiendo de la edad del niño y de las características de la tarea o de la clase.

S. Rief (2002) propone un listado de medidas para atraer y obtener la atención del alumno, concentrarla y mantenerla.

Para atraer la atención

Suele ser una buena opción el uso de títeres, apagar y encender luces dirigiendo el foco hacia el lugar que se desea que el niño atienda, tocar alguna nota en el piano o un timbre que actúe como señal. Variar los tonos de voz, desde voz alta hasta baja o susurrante. Dar una orden en voz alta: *"escuchen", "listo",* esperar a que se haga el silencio y luego proceder a dar las instrucciones en un tono de voz normal. En síntesis, la rutina, la mantención de una sola clase de estímulos o una presentación sin variaciones no atrae excesivamente la atención del estudiante.

Lo mismo que la presencia del adulto, también es importante el contacto visual permanente. Mediante este único recurso es posible mantener al niño concentrado en lo que está haciendo; obviamente que no es posible atender visualmente a un solo alumno dentro de un curso, pero la indicación es igualmente válida para las ocasiones en que se requiera.

Las preguntas deben ser frecuentes y sugerentes. No tan difíciles como para producir frustración o desinterés, sino más bien discusiones que generen interés en torno a lo que va a decir el profesor.

Para atraer la atención son útiles y motivantes las cajas misterio-
sas que en su interior contengan algún objeto o elemento relacionado
con el tema de la clase. Asimismo, se pueden generar adivinanzas y
activar esquemas.

Siempre se debe esperar a que se produzca silencio antes de comenzar la clase. Si ello no ocurre, lo más probable es que el niño no
se dé cuenta de que la clase comenzó. El cambio que se produce a través del silencio ayuda a captar la atención del niño, la cual, una vez
lograda, hay que tratar de mantener.

Para concentrar la atención

Las palabras claves de la lección deben ser anotadas en la pizarra,
de preferencia con tizas de colores. En la actualidad, el uso de trans-
parencias y de medios como el *data show* (en caso de que la escuela
cuente con uno) puede ser un buen recurso para mantener la atención
en el tema de la clase. Tal como ha sido comprobado empíricamente,
el hecho de estar visible para el niño, al igual que el contacto visual,
es un elemento que lo ayuda a mantener su atención sin distraerse.

La lección debe ser clara, activa, con buen ritmo y, a ser posible,
sin interrupciones (en caso de producirse, deben ser anunciadas y jus-
tificadas). El material debe estar preparado.

El aprendizaje cooperativo, en grupos organizados, ha resultado
un muy buen recurso pedagógico para mantener la atención en la tarea, puesto que se produce participación y autorregulación.

Se debe atender al niño y hacerle preguntas a él en particular, aunque esté trabajando tranquilo, de manera que se dé cuenta de que en
cualquier momento el profesor lo puede interrogar sobre la actividad
que está realizando. Se aconseja darle tiempo para que responda, de
manera que logre organizar la respuesta, para que no sea impulsiva.

Pueden establecerse claves y complicidades entre el alumno y el
profesor, de manera que el niño sienta que el maestro lo considera,
darle el máximo de oportunidades para que obtenga éxito, lo que ayu-
dará a elevar su autoestima por la vía de destacarse en su curso mediante conductas positivas.

Respecto de las sugerencias de proporcionar ambientes más o
menos libres de distractores ambientales, no está claro si ello cons-

tituye por sí mismo una forma de controlar la atención del niño o si la hiperactividad decrecería por falta de estímulos ambientales. Sobre este punto hay divergencias de opinión, en el sentido de que la concentración del alumno estaría asociada a las características de la tarea y la consiguiente motivación que despierta en él, en mayor medida que a las características del entorno. Es así que niños con SDA se concentran en juegos computacionales por largos períodos de tiempo, independientemente del ruido u otros estímulos ambientales (Gorostegui, 1998).

7. Metas a largo plazo, más que manejo de síntomas

A. Jongsma et al. (2000), más que abordajes puntuales para manejar los síntomas, plantean la necesidad de establecer metas a largo plazo en el tratamiento psicológico de los niños hiperactivos. Éstas serían las siguientes:

* Aumentar paulatinamente los períodos de atención y la concentración, así como la cantidad de tiempo que el niño dedica a la tarea.
* Trabajar y entrenar su capacidad de control de impulsos.
* Establecer rutinas y regularidad en los hábitos de estudio, respetar los horarios para tomar los medicamentos que se hayan indicado, y los tiempos destinados al juego y la recreación.
* Utilizar, tanto los padres como los educadores, sistemas y estrategias de refuerzo consistentes y contingentes, que contribuyan a aumentar las conductas positivas y a disminuir o extinguir las negativas.
* Apoyar a la familia en el establecimiento y mantención de un conjunto de límites consistentes y claros que permitan establecer una adecuada y flexible organización que conlleve unas relaciones satisfactorias entre padres e hijos.
* Mejorar la autoestima de los niños.
* Desarrollar habilidades sociales que les permitan mantener relaciones de amistad, compañerismo y colaboración dentro del grupo.

En esta misma línea, Taylor (1991) plantea que el objetivo principal de cualquier tratamiento es favorecer el desarrollo normal de los niños afectados, de tal manera que las intervenciones realizadas deben ser analizadas por los efectos preventivos que puedan tener en el largo plazo. Asimismo, sostiene que disminuir la hiperactividad es un objetivo importante y que, posiblemente, las técnicas cognitivo-conductuales serían las que han demostrado una mayor efectividad en este aspecto.

Las áreas que deben ser consideradas, según este autor, son las siguientes:

• *Reducción de la hiperactividad.* Frente a esta área opina que los tratamientos basados en el condicionamiento operante podrían ser eficientes para disminuir la hiperactividad y para aumentar la atención. También sugiere fomentar el juego constructivo para que, de esta manera, se disminuya la sobreactividad sin propósito, y de este modo canalizar la energía del niño hacia ámbitos más provechosos.

• *Tratamiento de trastornos médicos coexistentes.* Es necesario tener un enfoque global del tratamiento y compensar todas las patologías asociadas que, eventualmente, pudiera tener el niño, ya sea por trastornos del lenguaje, alteraciones sensoriales, etc.

• *Potenciar el aprendizaje.* Una gran proporción de niños con hiperactividad presenta problemas de aprendizaje escolar, por lo que requieren de recursos especiales y de enseñanza más individualizada, en relación con sus niveles de aprendizaje.

• *Favorecer la adaptación emocional y la autoestima.* Este autor propone asesoramiento individual en sesiones regulares que permitan al niño expresar sus dudas y temores, comprender su propio estado y reflexionar sobre el efecto de su conducta en los otros.

• *Mitigar la angustia familiar.* Las sugerencias en esta área se relacionan con que padres y hermanos tengan conocimiento de los problemas que afectan al niño y que adquieran habilidades que les permitan reaccionar en forma apropiada frente a los problemas de éste. Es importante desarrollar aptitudes positivas frente al pequeño.

8. Estrategias cognitivas y de autocontrol

Al establecer relaciones entre el síndrome SDA/H y el rendimiento escolar es importante enfatizar el rol del estilo cognitivo de los niños afectados, como una de las variables importantes que explica sus dificultades de rendimiento.

Evidentemente, los aprendizajes que se ven más afectados son los de naturaleza cognitiva, ya que éstos precisan de mayor atención sostenida.

Por lo general, el comportamiento del niño debe ir manifestándose secuencial y progresivamente por medio de procesos: a) impulsivos, b) hábitos instrumentales (aprendizajes operantes), y c) cognitivos.

Los procesos cognitivos constituyen el último y más importante de los recursos adaptativos del hombre, para cuyo uso necesita aprender tanto cogniciones concretas como procesos y estrategias.

Una de las más importantes estrategias son las de autorregulación de la conducta instrumental mediante el empleo de *verbalizaciones internas* o *discurso privado* (Bornas, Servera y Montaño, 1998).

Se comprueba en escolares con SDA/H una reducción significativa de estas verbalizaciones internas, que no se trata de una alteración, sino de un retraso notable en la adquisición de esta fórmula de regulación del comportamiento.

Con frecuencia, manifiestan dificultades para: *parar y pensar* antes de actuar, esperar su turno cuando están jugando o esperando en una fila, evitar distraerse mientras más deberían estar concentrados o dedicados a algo, trabajar por recompensas a largo plazo en lugar de gratificaciones inmediatas, etc.

En realidad, este problema es sencillamente la manifestación de un retraso en sustituir el modo impulsivo de adaptarse al medio, propio de los primeros años de la infancia, por un modo reflexivo, característico de la madurez, que se inicia generalmente alrededor de los 5-6 años de edad, con la mediación de los procesos atencionales.

Otra forma de intervención específica en la hiperactividad, o de *iniciación inadecuada de la conducta,* como denominan la hiperactividad en ámbitos clínicos europeos (Baumann y Perez, 1994), consiste en el establecimiento de criterios de acción adicionales. Se trata, por ejemplo, de introducir una tarea determinada entre el objetivo final de la actividad y la ejecución. Es el clásico *pare, piense, mire y escuche,* en que la acción no se comienza hasta haber satisfecho la acción (cognitiva). De esta manera, la inadecuada iniciación de la acción no se impide mediante el empobrecimiento del entorno, sino poniendo vallas adicionales.

Una estrategia que ha resultado útil consiste en preparar señales adicionales para la conducta deseada. El método se conoce como *entrenamiento para la instrucción de sí mismo,* y se refiere a trabajar por medio de un modelo, el cual acompaña al niño, en la ejecución de una determinada tarea, por medio de monitoreo verbal, haciendo que el pequeño se instruya a sí mismo respecto de lo que hay que hacer en el siguiente paso de la tarea. Mediante este tipo de ejercicios se trabajan los *criterios de acción adicionales para los pasos siguientes,* a la vez que la atención se concentra en la tarea. En el curso del entrenamiento, el tono de la voz se debe ir bajando, hasta que el hablar en voz alta se sustituya por un susurro y finalmente por lenguaje interno.

8.1. *Enfoques de autocontrol*

El objetivo de estos enfoques es lograr la conducta deseada mediante el entrenamiento en autocontrol de la conducta desarrollando estrategias reflexivas para la resolución de problemas. La adquisición e interiorización de esas capacidades da al niño hiperactivo y con dificultades para atender, la posibilidad de regular su propia conducta y asegurar la generalización de lo aprendido (Kendall y Braswell, 1985). Las deficiencias en las estrategias cognitivas utilizadas por los niños SDA/H podrían explicarse:

- por una escasa comprensión de la tarea y/o las exigencias de la situación,
- deficiencias para establecer mediadores adecuados a la tarea o la situación (por ejemplo, estrategias cognitivas para la resolución de problemas), y
- déficits en la aplicación de los mediadores.

La forma en que el educador puede intervenir desde esta perspectiva es modelando al niño la forma de resolver el problema, analizan-

do las alternativas y evaluando las posibles formas de resolución, todo esto en voz alta, mientras el niño observa. Se realiza todo el proceso de resolución elegido paso a paso y también en voz alta.

Se trata de modelar la *forma* de enfrentarse a una tarea, no se están enseñando *contenidos de asignatura,* de manera que el problema
debe ser interesante y motivador para el niño, de preferencia con elementos que sean familiares para él.

En síntesis:

• Se trata de que el niño comprenda lo que significa definir un
  problema: *qué es lo que sucede aquí.*
• Orientar su atención hacia las características del problema: *qué
  es lo que me causa el problema.*
• Evaluar las posibles soluciones: *qué se puede hacer.*
• Evaluar la forma en que se aplicó la solución elegida: *¿cómo lo
  hice?*
• Corrección de errores: *¿por qué no logré solucionar el problema?*

De acuerdo a este modelo cognitivo, el alumno debe resolver una
tarea, para lo cual, en primer lugar, el profesor lo dirige verbalmente
en ella; después, el niño la realiza y la verbaliza, primero en voz alta
y luego en susurro, para finalmente automonitorearse mediante el lenguaje interno.

Estas estrategias pueden ayudar al pequeño a reducir sus conductas problemáticas, ya que implica que deben interrumpir la conducta
impulsiva, a fin de evaluarla y planear una conducta alternativa. En
segundo término, se facilita la conducta reflexiva para la solución de
problemas y se destaca la importancia de fijar la atención en detalles
situacionales relevantes. Finalmente, el alumno aprende a identificar
situaciones problemáticas, a desarrollar conductas alternativas y a anticipar consecuencias, a conocer medios y maneras de alcanzar metas
y ejecutar la forma de conducta requerida (habilidades generalmente
muy poco desarrolladas en niños SDA/H).

Aunque estas estrategias resultaron más eficientes que los modelos de modificación de la conducta basados en manejo de la contingencia para mejorar la capacidad cognitiva de los niños, no lograron
reducir en forma significativa las conductas hiperactivas en el corto
plazo. Al parecer, estas estrategias de autoinstrucción resultan efica-

ces cuando se aplican para desarrollar habilidades cognitivas básicas y cuando los ejercicios de verbalización se orientan a los problemas subjetivamente importantes para el niño (Abikoff, 1987, en Baumann y Perrez, 1994).

Para lograr resultados permanentes mediante los modelos de autoinstrucción es evidente que los entrenamientos deben ser constantes y mantenerse en el tiempo, de manera que las habilidades de autorregulación se interioricen, se estabilicen en el tiempo y se generalicen a otras situaciones. Estas situaciones deben ser variadas y significativas para el niño y estar en consonancia con su etapa de desarrollo, tanto en relación a los recursos cognitivos de que dispone como también en cuanto a las motivaciones e intereses propios de la edad.

Muchas veces, estas metodologías fracasan porque intentan igualar a todos los alumnos aplicando programas similares, en forma de *paquetes de entrenamiento,* que no responden a las diferencias individuales. El planificar un programa de entrenamiento dentro de esta metodología para niños SDA/H constituye un desafío, no sólo porque ellos reaccionan de manera diferente al resto de sus pares, sino porque, además, entre ellos no hay necesariamente un patrón de comportamiento cognitivo común. Siempre habrá que establecer cuáles son las habilidades y conductas de base necesarias para beneficiarse con un programa de esta naturaleza.

Por otra parte, la alta comorbilidad entre SDA/H y trastornos de aprendizaje, a lo que puede sumarse conductas agresivas, cuadros ansiosos, etc., complica la tarea de planificar un programa de autoinstrucción (o cualquier otro que se quiera intentar). Para planificar habría que aclarar primero las conexiones entre la agresión (u otra condición, tal como ansiedad, trastorno de conducta, etc.), el SDA/H y los trastornos de aprendizaje de cada niño en particular.

Si hay una asociación de SDA/H y conductas agresivas, entonces se altera la relación del niño con su entorno social. Ellos tienden a buscar constantemente el contacto social, pero son rechazados por los de su misma edad por sus conductas disruptivas y poco reguladas. En este caso, no se debería buscar la dificultad en las competencias y habilidades cognitivas del niño, sino más bien deficiencias en su desarrollo social, y por ese lado deberían concentrarse las estrategias de apoyo.

8.1.1. *La psicoterapia de grupo*

Esta forma de trabajo puede ser un elemento de gran ayuda en el aprendizaje del autocontrol en los niños con déficit atencional. Adicionalmente, los ayuda a comprender que sus dificultades no son únicas. Les ayuda a saber por qué hacen lo que hacen, y desde esa perspectiva el conocimiento ilumina y nutre el cómo cambiar algunos comportamientos (López-Yarto, 1997).

Uno de los primeros elementos que es necesario tener en claro es conocer cuáles son los propósitos que se tienen al incluir a los niños en un trabajo de grupo.

Algunos de estos propósitos podrían ser los siguientes:

• Aprendizaje de técnicas de autocontrol.
• Logro de un mayor contacto consigo mismo.
• Mejorar su capacidad de autoexposición.
• Fomentar la comunicación con los otros.
• Desarrollar la capacidad de empatía.
• Introducir nuevas formas de relación.
• Aprender de los otros niños formas de relación más apropiadas para su etapa vital.
• Aprender de los terapeutas modos más efectivos de relación.
• Clarificar sus metas y diseñar acciones que le permitan vivir de acuerdo a los objetivos fijados.
• Aprender a resolver conflictos en forma pacífica.
• Aprender a trabajar en grupo.
• Tener un mayor conocimiento de los problemas derivados de su condición.
• Buscar el equilibrio entre los cambios internos y personales.
• Lograr un grado de eficacia en el manejo del mundo externo.
• Ampliar la mirada en la forma de resolver los problemas.
• Mejorar sus hábitos de estudio (Gazmuri y Milicic, 2004).

Según L. López-Yarto (1997), hay diferentes niveles de aprendizaje de estas habilidades. Primero, un *nivel de conciencia,* que consiste en hacer consciente algo que no lo era. Luego, se produce el *cambio de actitudes;* en este segundo nivel, el foco radica en que la experiencia proporcionada sirva efectivamente al cambio de actitudes. Finalmente, el tercer nivel, de mayor *capacidad de acción,* consiste en proveer de experiencias enriquecedoras en el plano de la acción, más allá de lo propiamente cognitivo.

Las dinámicas de grupo de orientación humanista que propone este autor tratan de hacer consciente el propio mundo de potencialidades, para que se puedan ejercer de forma directa, haciendo innecesaria la utilización de estrategias defensivas.

Estas dinámicas tienen en general un valor exploratorio, en la medida que se indagan los modos más frecuentes de reacción del niño y los que le resultarían más satisfactorios y que normalmente no emplea. Estos grupos proporcionan un ambiente general de seguridad, en el cual el riesgo de intentar lo nuevo disminuye en gran medida y permite la experiencia y exteriorización de sentimientos, reacciones y conductas abandonadas o descuidadas.

9. El estilo cognitivo de los niños SDA/H

Los estilos cognitivos se refieren a la forma específica en que las personas perciben y procesan la información. Este estilo puede facilitar o dificultar el aprendizaje y la percepción del mundo que los rodea. En los niños afectados con SDA/H los estilos más estudiados se refieren a la reflexión frente a la impulsividad, la dependencia frente a la independencia del campo y la flexibilidad o rigidez en el control de la atención.

La evidencia muestra que los niños hiperactivos se caracterizan por su impulsividad cognitiva (estilo cognitivo impulsivo); es decir, por la pobreza, falta de precisión y rapidez en sus procesos de percepción y análisis de la información. Esta impulsividad cognitiva no siempre está presente en todos los comportamientos de los pequeños. Por ejemplo, un niño puede mostrarse impulsivo respondiendo antes de que se termine la pregunta, golpeando a un compañero antes de enterarse por qué ha sido empujado, etc., y sin embargo ser reflexivo cuando trabaja, leyendo con cuidado las instrucciones, pensando el itinerario a seguir antes de iniciar un laberinto.

La forma de aprender de los niños con SDA/H ha sido objeto de estudio en muchos trabajos dedicados a este tema, en la medida que esto afecta el rendimiento escolar en forma muy significativa. Investigaciones sobre estilos cognitivos han demostrado que al momento de enfrentarse a aprendizajes escolares, los niños con SDA cometen más errores que los pequeños sin hiperactividad cuando los estímulos aparecen en forma lenta. Van der Meere et al. (1995) sostienen que no habría diferencias cuando el estímulo se presenta en forma más rápida. Esto explicaría la gran atracción que la televisión y los videojuegos ejercen sobre ellos, frente a los cuales atienden en forma casi hipnótica.

Procesan la información en forma más superficial que sus pares sin hiperactividad, y las estrategias que utilizan para retenerla y procesarla son las propias de niños más pequeños. En la medida que lo hacen con excesiva rapidez, la información no llega a almacenarse en la memoria de largo término y, por lo tanto, su registro y recuperación se torna difícil y su proceso de aprendizaje se empobrece.

Su estilo cognitivo predominante es impulsivo, no reflexionan lo suficiente antes de actuar y no anticipan las consecuencias de sus acciones. Al parecer, una parte significativa del problema se explicaría por la forma en que los niños impulsivos analizan la información. Drake (1970) investigó los movimientos oculares de los niños al explorar una serie de dibujos, y encontró que los impulsivos se detienen menos veces a observar los dibujos, recorren las figuras superficialmente, realizan pocas comparaciones entre ellas y, por lo tanto, obtienen menor información que los reflexivos.

Una de las características que se han descrito como interfirientes es la dificultad de los niños con SDA/H para organizar la información, por su dificultad para distinguir qué es central y qué es información periférica o secundaria. Muchas veces, esta dificultad tiene que ver con que el procesamiento de la información es incompleto y, en la medida que es muy rápido, no categorizan ni ordenan la información recibida.

Otra peculiaridad del estilo de información de los niños impulsivos se relaciona con una falta de flexibilidad cognitiva para procesar la información. Como plantean L. M. Grattan y P. J. Elsinger (1990), la flexibilidad cognitiva supone la capacidad de frenar una respuesta que está activada a través de mecanismos de inhibición y la habilidad para generar respuestas alternativas. Se ha dicho que los niños impulsivos carecen de freno lo que les dificulta el proceso de inhibir las conductas y de filtrar la información relevante.

Los factores antes mencionados influyen en que las estrategias de resolución de problemas que utilizan los niños con SDA/H sean insuficientes. Tienen menor variedad de respuestas y enfrentan los problemas en forma no sistemática, funcionando por ensayo y error y tendiendo a quedarse "pegados" en soluciones no exitosas, ya que les falta flexibilidad para generar nuevas alternativas. También influye su baja tolerancia a la frustración, que determina que se ofusquen con facilidad frente a las dificultades y les cueste enfrentar nueva información que les permitiría resolver el problema de otra manera. Ellos tienden a cerrarse ante la retroalimentación cuando sienten que no han podido enfrentar con éxito una tarea.

10. Sugerencias generales para el colegio

En este punto se presentan algunas ideas dirigidas a los profesores de diferentes cursos: unas válidas para niños pequeños, mientras que otras pueden aplicarse a cursos superiores. En la medida que se adaptan a las diferentes edades y características particulares, pueden aplicarse a todos (Hallowell y Ratey, 1995).

La precisión del diagnóstico. Como norma general, se debe estar seguro que el niño tiene SDA/H y si hay coexistencia con otros cuadros. Es sabido que dependiendo de la comorbilidad, tanto las intervenciones de manejo en sala de clases como también las terapéuticas y las farmacológicas deberán modificarse de acuerdo al diagnóstico diferencial.

Es claro que no siempre se puede tener acceso a un diagnóstico diferencial, pero al menos hay que asegurarse que el niño no tenga dificultades de visión o de audición, que no presente problemas de salud importantes. Aunque esto no es de responsabilidad directa del profesor, él puede actuar como un mediador o como un apoyo para la familia en el sentido de indicarle la necesidad de que el niño sea evaluado y, eventualmente, informarle de los lugares en que conviene que consulten.

Redes apoyo. Construya una red de apoyo. Ser profesor de aula cuando hay dos o más niños SDA/H puede llegar a ser muy demandante, por eso es necesario contar con la colaboración de los padres, reunirse con ellos, tomar acuerdos, compartir metodologías para trabajar, asegurarse que en el hogar el niño vivirá un ambiente, si no igual, al menos parecido al del colegio. Los niños no comprenden todavía por qué son reprendidos por hacer algo en el colegio, si en la casa se les permite que lo hagan. Ellos necesitan un entorno claro, predecible, sin ambigüedades, y la coexistencia de dos sistemas normativos, uno para el colegio y el otro para el hogar, los confunde sobremanera e interfiere con la adquisición de hábitos.

Es importante, tanto para los padres como para el colegio, y finalmente para el niño, que se produzca una comunicación fluida, permanente y armoniosa entre ellos. En el caso de niños SDA/H es bastante común que se produzcan mutuas atribuciones de responsabilidad en las dificultades del niño, lo que en vez de sumar esfuerzos resta efectividad a cualquier intento de solución. Use una libreta para mandar anotaciones a la casa y para que se las traigan de vuelta. Las anotaciones pueden ser las tareas, pero también feedback sobre el desempeño del niño, en especial si ha sido exitoso. Es importante no abrumar a los padres con comentarios excesivamente negativos, que pueden deteriorar la relación con el hijo. No se trata de controlar o disciplinar, aunque eso pueda ocurrir secundariamente, sino de llevar un registro de los progresos del pequeño y establecer una vía de comunicación entre la casa y el colegio.

La red de apoyo también debe incluir, si es posible, un equipo de profesionales expertos a los que acudir en caso de requerirlo: profesor especialista, neurólogo, psiquiatra infantil, psicólogo escolar, psicopedagogo. No obstante, independientemente de la profesión, conviene acudir a quien sea realmente un experto en el manejo de estos niños en el contexto escolar. No todos los profesionales son especialistas en la problemática del escolar y de la escuela.

La participación y el compromiso del colegio es fundamental, a través de los otros profesores del curso, orientador, psicólogo y de las autoridades escolares. Muchas veces, el profesor sobreestima sus capacidades y no pide ayuda; aunque su experiencia es clave para manejarse, también los otros profesionales expertos (en la medida que se tenga la posibilidad de consultar) pueden representar un gran apoyo.

Las evaluaciones y las tareas para el hogar. En relación a las evaluaciones, es conveniente espaciar su frecuencia y reducir al mínimo la aplicación de pruebas formales y sujetas a control de tiempo. En general, este tipo de instrumentos no ayudan a mostrar lo que el niño sabe o de lo que es capaz. La confección de instrumentos menos formales y con más espacio para la creatividad puede ser una mejor manera de evaluarlos. Dado que puede costarles escribir (la disgrafía es frecuente en ellos), es aconsejable que hagan sus pruebas en forma oral. Los distintos instrumentos y formas que permite la evaluación diferenciada pueden ser un buen recurso pedagógico en estos casos.

Las largas tareas para el hogar no están indicadas para estos niños. Es preferible, en ellos, privilegiar la calidad en vez de la cantidad de trabajo. Se debe recordar que se fatigan con más facilidad que sus compañeros y que requieren de más tiempo para realizar bien la misma tarea. Adicionalmente, necesitan la presencia del adulto para trabajar, requieren monitoreo frecuente, retroalimentación de su trabajo y un ambiente controlado, aspectos que no siempre es posible disponer en el hogar. La realización de las tareas para el hogar suele ser un motivo frecuente de problemas entre el niño y sus padres, pasando a ocupar espacios y tiempos importantes de la convivencia familiar.

Escuchar al niño. Preguntar al niño en qué necesita que lo ayuden puede ser de utilidad, tanto para el profesor como para él. A veces, ellos intuitivamente pueden decir la forma en que aprenden mejor, lo que no dirían si no se les pregunta. En general, no tienen mucha costumbre de que se les pregunten cosas sobre ellos mismos, pero es una buena opción, especialmente con los alumnos más grandes.

El aspecto emocional del aprendizaje y la afectividad tienen importancia para todos los niños, pero en su caso en forma más crítica, ya que con frecuencia se aburren, se cansan, se desmotivan y se ponen ansiosos.

Normas, límites y ambientes estructurados y predecibles. Los niños SDA/H necesitan una clara y consistente estructuración del ambiente, ya que para ellos es difícil estructurarse internamente. Por ejemplo, es útil planificarles el tiempo en forma precisa, anotar, hacer listas, calendarios, horarios. Es necesario que se les recuerde lo que deben hacer, que se les repita en forma respetuosa, que se les entreguen guías de acción, límites, estructura, reglas. Precisan que se les diga muchas veces lo que se espera de ellos. Las instrucciones deben entregárseles por escrito, verbalmente, repetirlas, y pedirles que las verbalicen para que las vayan interiorizando.

El horario debe ser respetado, de manera que el tiempo y las actividades a realizar sean lo más predecibles que se pueda. Este horario deberá estar en un lugar visible para el niño, de manera que pueda llevar un buen control del tiempo. Los cambios imprevistos, las postergaciones, son difíciles de tolerar para ellos. Conviene anunciarles con tiempo lo que va a suceder, cuándo y cómo, e ir comprobando en el horario la realización de lo programado, paso a paso.

Los límites deben estar claramente demarcados; contrariamente a lo que se podría pensar, los límites claros y bien definidos lo contienen y lo tranquilizan, y no son sentidos como restricciones o castigos por él, en la medida que los conozca, que sean predecibles y consistentes. Si esto es así, no se debería caer en largas discusiones sobre lo adecuado o no de tal o cual norma. El control de que la norma se cumpla debe ser asumido por el adulto en todos los casos, y es su responsabilidad, a lo menos, hasta que el niño logre internalizarla, lo cual a ellos les lleva más tiempo que al resto de sus compañeros.

Es bueno hacer constante contacto visual; una mirada del profesor puede hacerlo volver de su ensoñación, motivarlo para que haga o una pregunta o, simplemente, validarlo si está en silencio. Esta cercanía visual puede ser más fácil si está sentado cerca del maestro.

División de la tarea en partes o pasos secuenciados. Es conveniente dividir las tareas en pequeñas partes; ésta es una de las más importantes técnicas para trabajar con ellos. Las tareas que implican mucho tiempo y cuyo fin se ve lejano, los agobian y sienten que no serán capaces de lograrlo, por lo tanto abandonan el intento. Si la tarea se divide, cada una de las partes aparece como posible de realizar. En general, ellos pueden hacer mucho más de lo que creen, pero especialmente los más pequeños no se consideran capaces, y los mayores tienden a adoptar una actitud derrotista antes de intentarlo.

Aprovechar su capacidad de juego. Es interesante capitalizar su capacidad para jugar; ellos participan en los juegos con entusiasmo. Las tareas pueden ser divertidas si se presentan en forma creativa, original, no rutinaria. Mediante juegos se puede entrenar en respetar turnos, reglamentos y actuar en forma ordenada, y eso no tiene que ser necesariamente aburrido. Se les puede dar la oportunidad de ganar premios y de triunfar, y de se modo elevar su autoestima y su imagen frente a los otros (uno de los aspectos más dañados).

También, mediante juegos se puede trabajar un aspecto generalmente muy deficitario en estos niños, como es la memoria. La memoria cumple un rol fundamental en el aprendizaje; de hecho, si no hay memoria, no hay aprendizaje. Para que el niño retenga en su memoria de largo plazo algún aprendizaje, ya sea de contenidos escolares o de otra clase, es necesario que realice una serie de procesos que requieren obligatoriamente de la participación de la atención. Un procesamiento defectuoso del material a memorizar hace que el niño tenga dificultades al momento de recuperar esa información. Es recomendable enseñarles trucos y métodos mnemotécnicos para mejorar en lo posible esta función, que constituye un importante factor del aprendizaje.

Proporcionar herramientas de estudio. Es conveniente enseñar a utilizar formas de esquematizar los contenidos de asignatura, destacar, subrayar, hacer cuadros, gráficos... No resulta fácil de asimilar, pero una vez que lo logran cuentan con una excelente herramienta para registrar, estructurar y mapear lo que aprenden. Adicionalmente, les proporciona un sentido de autonomía durante el proceso de aprendizaje y les da sentido, lo que es excelente dado su permanente sensación de inutilidad para el estudio. Recuerde que ellos aprenden mejor por la vía visual que por la auditiva.

Anuncie lo que va a decir y lo que va a suceder, pues es importante adelantar lo que va a acontecer. Una vez anunciado, dígalo. Incluso, escríbalo también, en forma ordenada y estructurada. Es importante organizar los tiempos, debido a que necesitan saber con antelación lo que va a suceder para prepararse internamente.

Simplifique las instrucciones, las cosas, los horarios, los planes... Use un lenguaje rico y colorido. *Ayude al niño a observar a los otros y a sí mismo.* Use feedback que ayude al niño a autoobservarse. En general, son observadores poco eficientes. Pregúntele a menudo qué está haciendo o qué es lo que acaba de hacer, y también trate de que observe a los otros, preguntándole frecuentemente por qué cree que su compañero se enojó cuando él dijo o hizo tal cosa, o también por qué se puso contento.

Si su capacidad de interpretar claves sociales es deficiente, lo que es bastante común que ocurra, se puede intentar una especie de entrenamiento social para interpretar gestos, miradas, emociones, tonos de voz, etc. Se le puede entrenar en que mire a la otra persona mientras habla, que la escuche, que la deje manifestarse. Muchas veces se interpreta la carencia de este tipo de habilidades como falta de interés en los otros, pero puede ocurrir que ellos tengan poca habilidad para hacerlo, o no lo hayan aprendido.

Sea como un director de orquesta, haga silencio con la batuta antes de empezar. Haga ejercicios de actividad física –correr, saltar, jugar– para liberar energía. En general, son buenos los deportes de competencia y de equipo, porque pueden interactuar con cierta ventaja con sus compañeros. Sin embargo, no es recomendable que los niños se fatiguen demasiado, ya que su entusiasmo los puede hacer llegar al límite de sus energías cuando están, por ejemplo, compitiendo y sienten que lo están haciendo bien.

No olvide que ellos son talentosos, agradecidos, creativos, juguetones, alegres y espontáneos, generosos de espíritu y dispuestos a ayudar.

11. Aprendizaje basado en la indagación y en la tecnología

En la actualidad, la presencia de las tecnologías de información y comunicación (TICs) en la escuela y en un número creciente de hogares permiten convertirlas en un rico y promisorio recurso para enfrentar los problemas de aprendizaje que afectan a los niños con SDA/H. Además del sistema alfabético, la producción de textos electrónicos incorpora otras formas de representación simbólica, tales como íconos y otros, que facilitan la comprensión de su significado y constituyen un apoyo importante para que los niños y niñas con necesidades especiales puedan explicitar otras manifestaciones de sus múltiples inteligencias (Gardner, 1993).

El Internet ya se ha instalado como la manera más eficiente y rápida de almacenar, acceder y comunicar grandes cantidades de información, conjuntamente con facilitar el acceso a infinitas fuentes de información en pantalla: textos, gráficos, informaciones periodísticas, fotos, películas, animación, música o programas de software y buscadores.

La utilización de las TICs en los niños afectados con SDA/H puede apoyarse en la *metodología basada en la indagación,* la cual parte de la base de que el aprendizaje ocurre cuando el estudiante genera preguntas y busca activamente las respuestas, con el necesario apoyo o andamiaje dado por el educador. Constituye un proceso recursivo que todos los niños, incluyendo aquellos con necesidades educativas especiales, son estimulados a formularse preguntas, buscar y organizar información para arribar a respuestas tentativas, y trabajar, ya sea individualmente o con colaboradores, para establecer que las respuestas encontradas tengan sentido (Berghoff, 1993; Farwick, Hester y Teale, 2002; Tefft, Dembrow y Molldrem-Shamel, 1997).

La indagación involucra encontrar fuentes de información apropiadas a la tarea, trabajar para entender los recursos de información y cómo ellos se relacionan con ella, y luego aplicar estas comprensiones de una manera productiva en todos aquellos casos en los cuales alguna acción es esperada.

Durante el proceso, los estudiantes seleccionan un tópico de interés para investigarlo, formulan preguntas acerca del mismo, recogen, seleccionan y sintetizan la información, y finalmente hacen algo con ella. Este último componente es, por lo general, el aspecto más difícil para muchos alumnos, pero es lo que distingue los proyectos basados en la indagación de los típicos esquemas de investigación. Más que reportear un tópico, la indagación requiere que los estudiantes se muevan más allá de interrogantes tales como "qué", "quién", "dónde", que frecuentemente constituyen la base de los trabajos investigativos en la sala de clases. Cuando el aprendizaje a través de la indagación está bien utilizado, los niños se involucran en preguntas bastante más complejas, por ejemplo: "¿Qué significa esto y cómo puedo yo usar esta información?". El foco de la indagación intensifica el compromiso y la motivación para la lectura y la escritura, y para el aprendizaje y la enseñanza de ambas.

La metodología basada en la indagación es consistente con las recomendaciones formuladas por Weiss (1996), quien destaca que las fortalezas de los niños con SDA/H se refieren a su gran conexión con la naturaleza y el medio ambiente, su interés por la computación y la electrónica, su manifiesta curiosidad, sus aptitudes para algún ramo científico y su despliegue de gran capacidad y energía cuando se identifican en algún proyecto que despierta su interés.

La organización del proceso de la indagación muestra una naturaleza cíclica e incluye cuatro pasos que proporcionan una estructura para el proceso de pensamiento apoyado por el computador (Schmidt y Pailliotet, 2001):

Paso 1. *La indagación comienza cuando se está interesado en aprender y en explorar o descubrir.* Indagar no implica un proyecto de grandes proporciones, más bien es un proceso que ayuda a focalizarse en un aspecto de la enseñanza a la vez o en algo para investigar (¿Por qué desaparecieron los dinosaurios? ¿Qué alimentos consumen los astronautas cuando están en el espacio? ¿Por qué los futbolistas sufren tantas lesiones?). Durante este paso es necesario decirle al niño: "Quien hace alguna una pregunta, siempre ya sabe algo sobre sus respuestas. Te invito a anotar o a dictarme todo lo que sabes sobre ese tema".

Paso 2. *La indagación involucra desarrollar e implementar un plan.* El plan debe ser concreto, factible y posible de investigar dentro de su contexto o situación educativa, y realizable en un definido período de tiempo.

Paso 3. *La indagación involucra recolectar algún tipo de información relevante.* Este paso obliga al niño a poner en juego procesos cognitivos superiores y a evitar el simple vínculo a www.flojo.com[1] o a navegar a la deriva. En todos los casos, y en especial con los niños afectados del síndrome, el educador debe ayudarlo a seleccionar las

---

[1] Sitio epañol destinado a apoyar tareas de los estudiantes.

fuentes y mostrarle determinadas rutas para navegar en el Internet, evitando que él se pierda en el hiperespacio. La estructura hipermedial de un texto electrónico permite al lector la consulta de múltiples páginas o nodos de información complementaria y disponer de abundantes recursos multimediales (audio, video, animación, fotografías). Los datos también pueden ser encontrados en una enciclopedia, un libro, periódico o a través de entrevistas con personas idóneas. La indagación también puede hacerse a través del e-mail, en un taller o con un grupo colaborativo directo.

Paso 4. *La indagación implica efectuar un procesamiento de la información, sintetizar, reflexionar y evaluar tanto los éxitos como los fracasos del plan o proyecto.* Este paso involucra darse un tiempo para procesar y sintetizar las distintas informaciones encontradas y reflexionar sobre lo que se ha indagado, lo que se ha aprendido, estableciendo relaciones con sus conocimientos previos y con sus creencias ciertas o falsas. También implica evaluar la experiencia de búsqueda a través de Internet o de otras fuentes. Tal como en el anterior, este paso requiere asimismo poner en juego procesos cognitivos de nivel taxonómico alto que implican un apoyo eficiente del mediador o facilitador.

Paso 5. *Socializar los resultados encontrados y hacer un plan para ampliar la indagación.* El hecho de tener que socializar los resultados de su búsqueda, es decir presentarlos ante sus pares, estimula a los niños a organizarlos en la mejor forma posible. Con ese fin se le puede proporcionar un retroproyector, un papelógrafo, y mejor aún si se cuenta con *data show.*

Dado que los recursos del Internet son ilimitados, otra pista para utilizarlo en el manejo de los niños con SDA/H es ubicar sus aplicaciones educativas dentro de otras dos principales categorías: *comunicación* y *desarrollo de la creatividad.*

En relación a la *comunicación,* el Internet ofrece una variedad de modalidades para ejercerla. Las más comunes son el e-mail y el *chateo,* que permiten a los niños interactuar en forma fluida porque superan la demora del correo postal, porque la digitalización acelera su velocidad de escritura y porque el apoyo de los correctores evita que la preocupación por la ortografía perturbe la composición del mensaje.

A través del e-mail, los niños pueden enviar mensajes, dar y recibir información de cualquier persona en el mundo que tenga dirección electrónica y ser transmitidos a varias personas simultáneamente.

Tanto el e-mail como el *chateo* retroalimentan la lectura y estimulan las respuestas escritas, en un nivel de habla coloquial o informal cuando la interacción ocurre entre pares, y en un nivel formal cuando se interactúa con una persona de mayor edad o jerarquía; esto permite que los alumnos utilicen un vocabulario y sintaxis más ricos y diferenciados y que, desde muy temprano, tomen conciencia de que los textos, tanto leídos como escritos, conllevan significado.

Resulta relevante constatar el hecho de que los medios de comunicación de última generación, tales como Internet, el acceso ilimitado a la información, el hecho de que los niños puedan reemplazar los libros por otros medios escritos, o las comunicaciones escritas tradicionales por correos electrónicos y otros medios, no ha logrado desplazar al discurso escrito, y que lejos de ello, estos medios pueden servir de inigualable ayuda para los niños con TDA/H. Es posible que ello se deba a la rapidez con que se accede a la información, el desafío tecnológico que representan y a que enfrentan al niño con un modo de trabajo que probablemente capitaliza y privilegia sus fortalezas y habilidades, haciendo que sus debilidades y limitaciones se desperfilen en alguna medida.

VIII. Familia y SDA/H

Introducción

Así como el niño con SDA/H es, sin duda, un elemento perturbador para cualquier familia, ésta es el factor más importante en términos del pronóstico, de la forma en que se expresan los síntomas y de los problemas que se le asocian. La familia puede ser un medio de protección, contención y apoyo, pero también un elemento potenciador de las dificultades. El niño con SDA es más vulnerable que los otros a los efectos negativos que el entorno familiar puede provocar.

Particularmente complejo es el caso de las disfunciones familiares y los conflictos de pareja en que el hijo es triangularizado de manera que ambos cónyuges se coluden, consciente o inconscientemente, para derivar la atención desde su problema hacia "el problema del hijo".

Sábado en la tarde

—Mamá, te dije que tendría hecha mi tarea el domingo en la noche, y la tendré hecha el domingo en la noche. Quieres dejar de perseguirme?
–Jaime sale de su pieza y se va a la cocina seguido por su madre.

—No. No te ando persiguiendo, ¿por qué habría de hacerlo? Eres tú el que agota mi paciencia; estás en primero medio, casi terminando el año, y estoy segura que vas a repetir de nuevo si no te esfuerzas. Siempre prometes cambiar, pero no cumples, ya es-

toy cansada de todo esto, estamos todos agotados de ver cómo arrui-
nas tu vida.

—*Calma, calma, yo no estoy arruinando mi vida, me ha ido un po-*
co mal estos dos años en el colegio, pero eso no es arruinar mi vida.

—*Cómo que un par de años, siempre te ha ido mal, y lo peor es*
que ha sido a causa de tu flojera, de tu poca preocupación; tú no es-
tudias, no te esfuerzas, por eso te va mal. No te preocupa el futuro...

—*Hasta cuándo me molestan, no los soporto, me voy de esta ca-*
sa... no me importa lo que digan; los odio. –La mamá se pone a llo-
rar y Jaime sale dando un portazo.

Jaime no regresa hasta la madrugada, con olor a alcohol. Sus padres
se recriminan mutuamente y deciden hablar con él al día siguiente.

Jaime se disculpa:

—*Lo siento, en realidad no quise hacer lo que hice.*

—*Entonces, ¿por qué lo hiciste?*

—*No sé, me sentí mal y salí.*

—*Es que eso es lo que me enferma de ti, que no quieres hacer las*
cosas que haces y no haces las cosas que quieres hacer.

La expresión de la madre *"haces lo que no quieres hacer y no ha-*
ces lo que quieres hacer" sintetiza lo que le sucede al adolescente con
SDA. No significa que esté empeñado en molestar a todos, sino que
tiene problemas que a partir de ese tipo de acusaciones se agudizan.

El miembro de la familia que tiene SDA (niño, adolescente o
adulto), por lo general, no cumple sus obligaciones escolares, no res-
peta horarios de comidas ni de sueño, de llegada a la casa, no comparte con la familia, mantiene sus cosas en desorden, etc. Frecuentemente, vive castigado, lo que lo vuelve más desafiante, menos
cooperador, más aislado lo la familia. Ante esto, la familia se exas-
pera por lo que parece ser un problema de actitud, dependiente de la
voluntad más que de problemas neurológicos atribuibles al SDA (Hallowell y Ratey, 1995).

Las relaciones tienden a empeorar, el niño (la niña, el adolescente) se va transformando en "el problema" y el "chivo expiatorio" al
que se culpa de todo lo negativo y de todos los conflictos familiares.
Se supone que está en su mano (en su voluntad) cambiar, pero no lo
hace porque no quiere.

El discurso que el niño escucha diariamente es que debe cambiar, no olvidar sus cuadernos en el colegio, no perder sus útiles, no mentir acerca de haber hecho o no sus tareas, no creer que el mundo lo persigue injustamente. Finalmente, se le pregunta por qué actúa así, a lo que él responde que no sabe por qué. Y eso es verdad. Paradojalmente, al igual que es difícil que el niño cambie sin ayuda, también lo es que cambie el sistema familiar, ordenado y estabilizado durante mucho tiempo en torno a este niño problema, que sirve quizá para enmascarar otros conflictos familiares.

1. Algunas sugerencias de manejo

1.1. *Manejo al interior de la familia*

E. M. Hallowell y J. J. Ratey (1995) ofrecen una lista de 25 sugerencias de manejo del SDA al interior de la familia.

1. En primer lugar, es imprescindible un buen diagnóstico. Es el punto de partida de cualquier tratamiento.
2. Educar a la familia. Idealmente, toda la familia aprender acerca de lo que es el SDA/H. Muchos problemas se solucionan una vez que la familia comprende de qué se trata. Todas las preguntas deben ser respondidas.
3. La familia debe cambiar su narrativa, su discurso sobre el miembro con SDA/H. Hay que revertir la *profecía autocumplida*. Independientemente de los problemas, el niño con SDA/H también tiene características positivas. El destacarlas, el cambiar el discurso y la focalización desde lo positivo a lo negativo puede contribuir a desarrollar esos aspectos escondidos: quizá buen humor, creatividad, energía, etc. La familia, más que nadie, puede contribuir a rescatar ese potencial.
4. Dejar en claro que el SDA/H no es culpa de nadie, no tienen la culpa los padres ni los hermanos ni la persona que lo padece. Esto debe ser aceptado por todos, terminando con la creencia de que sólo es una excusa para conductas irresponsables o flojera. De no ser así, el tratamiento no tendrá ningún efecto.

5. Básicamente, se deberá aceptar que el SDA/H es un tema de la familia, no de uno solo de sus miembros. A diferencia de otros problemas médicos, el SDA/H afecta a la familia en su cotidianeidad. El que todos se sientan parte del problema hará que todos se comprometan en su solución.

6. Cuidar el *balance de la atención*. El que un hermano presente SDA/H hace que la atención de la familia se concentre en torno a él, en desmedro de los otros hermanos. Esto sucede a pesar de que la atención pueda ser *negativa,* es decir, atraída por las conductas disruptivas del niño o adolescente. Ello puede acarrear resentimientos entre los hermanos. Hay que cuidar de que la persona con SDA/H no concentre sobre sí los cuidados y las preocupaciones de la familia, dominando la escena, controlando lo que se hace y no se hace.

7. Tratar de evitar la lucha, el conflicto. Ya sea que el problema no haya sido diagnosticado o, si lo fue, que no haya sido tratado, siempre ocurre que el niño queda enfrentado al resto de la familia, o el adulto enfrentado a la esposa. Así como el daño y la incapacidad pueden definir a la familia del alcohólico, de la misma manera el enfrentamiento y la lucha puede definir y consumir las energías de la familia SDA/H.

8. Una vez que el diagnóstico está hecho y que la familia comprende lo que es el cuadro, se sugiere reunirlos para negociar cuál es el rol de cada uno en esta situación en la que todos están comprometidos. En cualquier caso, es bueno que la familia adopte el hábito de negociar, más que el de luchar entre ellos. Se deben explicitar los términos de la negociación, e incluso es aconsejable escribirlos, que cada uno indique explícitamente cuál será su participación, su aporte, y también cuáles serían las consecuencias para cada uno en caso de no cumplir con los acuerdos.

9. Si la negociación fracasa, debería considerarse la participación de un terapeuta familiar que escuche a cada uno y logre consensuar las diferentes posiciones, es especial si se trata de familias con estilos de relación muy violentos o explosivos.

10. Dentro del contexto de la terapia familiar, el *role playing* pue-

de ser útil para que cada uno muestre lo que ve del otro y, a su vez, sepa cómo lo ven. Considerando que las personas con SDA/H son observadores poco competentes, el verse a través de cómo lo ven los otros puede serles muy útil para intentar cambios.

11. Si el conflicto no se puede evitar, lo aconsejable es retirarse, ya que una vez que se ha producido no es posible salir. Lo ideal es no entrar en él, mantenerse al margen.

12. Dar a cada uno la posibilidad de ser escuchado, en especial a los que hablan menos

13. Romper, interrumpir los procesos negativos y transformarlos en positivos. Incentivar cada vez que ocurre algo en esa dirección, dirigir a cada uno hacia metas positivas, en vez de creer que las situaciones y los problemas son inevitables. Una de las tareas más difíciles de la familia con SDA/H es asumir que todos pueden hacer algo para revertir la situación (que no sólo el afectado debe cambiar).

14. Aclarar, tantas veces como sea necesario, qué es lo que se espera de cada uno, cuáles son las reglas y las normas, y qué consecuencias acarrea el transgredirlas.

15. La estabilidad y la confianza en el amor de los padres es clave. El hijo con SDA/H los desafía constantemente, pero el amor no puede fluctuar en relación a eso: si se le ama cuando se porta bien y se le odia si se porta mal, el sistema familiar se torna turbulento e impredecible.

16. Los padres deben presentar un frente común ante los hijos, independientemente de las diferencias que ellos puedan tener. La consistencia apoya cualquier manejo del SDA/H.

17. No mantener al niño alejado de la familia extensa. Ellos también pueden ayudar en el tratamiento. Muchas veces, por el temor de que el pequeño *no se porte bien,* se le priva de participar en actividades y rituales familiares, que tienen gran significación para su desarrollo emocional.

18. Determinar áreas de problemas. Áreas clásicas de problemas son, por ejemplo, los horarios. Conviene determinar con precisión cuáles son las características específicas del problema,

para que a continuación cada uno se aproxime al tema en forma constructiva, negociar con cada uno cómo puede hacerlo mejor, escuchar sugerencias.

19. Hacer reuniones del tipo *tormenta de ideas* para que cada uno exponga sus ideas sobre cómo mejorar el sistema. Tratar de que la familia funcione como un equipo.

20. Utilizar el *feedback* que proporcionan fuentes externas a la familia, tales como profesores, parientes, amigos, otros niños, etc. Probablemente, si alguien no quiere escuchar a los miembros de su familia, pueda estar interesado en hacerlo si la información proviene del exterior.

21. Considerar el SDA/H como una condición de normalidad en la familia, tan normal y aceptable como otras condiciones que quizá también interfieren el normal funcionamiento de las rutinas familiares. Aunque eso puede resultar muy difícil, especialmente en momentos de crisis, trate de hacerlo.

22. El SDA/H puede desgastar a una familia, enfrentar a unos contra otros. Los tratamientos no son efectivos de inmediato y la clave suele ser, precisamente, la persistencia en el esfuerzo y en la mantención de cierto *sentido del humor.* Es esperable que pasen a veces períodos más o menos largos en que no se aprecian cambios, pero ni aun así se debe abandonar el esfuerzo. *Busque ayuda, cambie el tratamiento, pero no lo abandone.*

23. El SDA/H no puede ser abordado en forma individual. Se debe buscar ayuda y apoyo profesional, involucrando a la mayor cantidad posible de redes relacionadas con el tema: pediatras, colegio, amigos, grupos de padres, etc.

24. Poner atención a los límites y al sobrecontrol en la familia. La claridad y consistencia de las normas no implica hipercontrol. Cada uno debe sentirse parte, pero a la vez también es una persona, un individuo, más allá del sistema familiar. Las actitudes muy controladoras provocan rebeldía por sí mismas e interfieren el desarrollo individual más allá de los límites del sistema familiar.

25. Mantener la esperanza. Es bueno dejar espacios para escuchar

las penas y los problemas de cada uno, pero también hay que ser capaz de estimular la reacción positiva para seguir adelante.

1.2. *Asegurar el afecto y cuidar la autoestima del niño*

Todas las personas tienen necesidad de ser aceptadas y amadas por sus padres, hermanos, abuelos... Este deseo debe ser capitalizado en el sentido positivo, para apoyar a cada uno, pero es tan potente que también puede ser utilizado para dañar o destruir la confianza en sí mismo y en los demás.

Para que la familia utilice su poder de curar debe ser capaz de aceptar el desafío del cambio. Todos los grupos, y en especial las familias, se sienten amenazados ante un cambio en su situación actual, no importa cuán bueno o malo sea ese estado. Cuando la persona con SDA/H quiere cambiar necesita que su familia cambie con él, y esto no es fácil para ninguna familia. Se requiere trabajo, estímulo, apoyo y refuerzo.

En este sentido, se recomienda mantener una relación familiar nutritiva, tranquila y acogedora, centrándose más en los aspectos positivos de la relación que en los conflictos. De la misma manera, centrarse en las fortalezas que el niño pueda tener de manera de asegurarle una imagen personal y autoestima positivas.

Motivarlos para lograr el máximo desarrollo de sus capacidades. Trasmitirle confianza en sí mismo utilizando expresiones tales como *"¡tú puedes!, ¡sigue adelante!, ¡tú eres capaz de enfrentar este desafío!"*. Esto no implica negar la dificultad de la tarea, sino transmitirle un sentimiento de confianza en su competencia para enfrentar desafíos difíciles. Para ello, no exponerlo a situaciones que superen definitivamente su capacidad de enfrentarlas, porque cada nuevo fracaso lesiona o deteriora su imagen personal, complicando más su proceso educativo (Milicic, 2003).

Es importante no conformarse con un listado de problemas o síntomas –*lados débiles*–, sino desarrollar una perspectiva integral del hijo, teniendo también presentes sus virtudes –*lados fuertes*–. Como ante cualquier problema al que uno deba enfrentarse, es indispensable tener a la vista no sólo las debilidades y limitaciones, sino también las fortalezas del sistema. A partir de las fortalezas se comienza a construir una solución.

En familias con climas afectuosos, estímulos adecuados, organización clara, medios económicos básicos suficientes, las situaciones cotidianas favorecen vínculos positivos y fortalecedores de los recursos. Las personas construyen subjetividades confirmatorias. En cambio, en contextos adversos: problemáticas psiquiátricas, abuso verbal (ejemplo: desvalorización) y físico, pobreza, estrés prolongado en la familia, los conflictos secundarios o los déficit de base aumentan, se complejizan y pueden facilitar la aparición de trastornos comórbidos importantes.

Finalmente, no permitir que las dificultades hagan que la mayoría de las interacciones con su hijo sean negativas, signadas por castigos, comentarios adversos y críticas.

2. Diagnóstico y tratamiento (desde la familia)

R. O. Scandar (2000) subraya la importancia de confirmar el diagnóstico a través de profesionales especialmente capacitados. Un buen diagnóstico es considerado por todos los expertos como el punto de partida de cualquier tratamiento.

Aproximadamente el 50% de los niños con SDA padecen otro trastorno en comorbilidad (es decir, que tienen más de una dificultad o problemas asociados), por ello es conveniente asegurarse de que se han diagnosticado correctamente todos los aspectos del problema. Buscar el tratamiento apropiado y más eficaz para cada uno de los trastornos acompañantes.

Los tratamientos multimodales han resultado ser los más efectivos. Los fármacos a veces son imprescindibles, pero no es menos necesario aprender nuevas formas para educar al niño y que éste desarrolle estrategias tanto para afrontar las dificultades del SDA como para potenciar sus aspectos positivos.

Es recomendable elegir un colegio con autoridades y personal docente que conozcan el trastorno, lo comprendan, sepan cómo remediarlo (o se hallen dispuestos a aprender). Una vez elegido, colaborar y participar intensamente con el colegio.

Educar a un niño con SDA/H puede ser una tarea difícil aunque estimulante. Los padres deben prestarse apoyo recíprocamente, ser equilibrados, justos y ejecutivos en la resolución de problemas. En vez de esto, hay veces en que los padres tienden a aislarse social y familiarmente, de manera que el niño ve limitadas sus oportunidades de desarrollar sus habilidades sociales.

Realizar una especificación precisa y concreta de qué comportamientos se consideran aceptables y cuáles no, y cerciorarse de que el niño conozca con claridad qué se le solicita que haga. A continuación, fijar consecuencias consistentes, ya sean positivas o negativas, y ejercer control, dirección y supervisión cercana. Recompensar al hijo frecuentemente, y en especial en los momentos en que ha exhibido un buen comportamiento. Preferir las recompensas (*¡qué bien has hecho esto!*), a los castigos y las profecías negativas (*¡nunca vas a cambiar!*). Premiar, alentar, aprobar y asistir, más que corregir y castigar, son sin duda estrategias que disminuyen la posibilidad de presentación de consecuencias emocionales indeseadas.

Al niño le cuesta organizarse; por lo tanto, se le deberá ayudar organizando y supervisando su agenda: un momento y un lugar para cada cuestión, dividiendo las tareas en partes que él pueda manejar. Asegurarle un lugar tranquilo, despejado de distractores, para trabajar en el hogar. La disminución de los estímulos no tiene influencia directa sobre el control de la atención, sino más bien sobre la hiperactividad, que decrecería por falta de estímulos ambientales. Ayudarlo a que establezca sus prioridades sobre criterios que sean eficaces.

E. Yudilevich (2003) afirma que la complejidad y variedad de los síntomas que conforman el SDA/H puede confundir a la familia, dado que se trata de un cuadro crónico que afecta a varias áreas de la vida: dificultad de desempeño escolar, de conducta, de estado de ánimo, en relaciones personales, con ensoñación diurna, dificultad para activarse y baja autoestima, entre otros signos. Puede confundir al terapeuta, ya que sus síntomas son de aparición situacional y variable.

Se han investigado sus aspectos genético-hereditarios y es frecuente la existencia en líneas generacionales, de manera que en una misma familia suele existir más de un miembro con SDA/H. Sus síntomas impactan fuertemente sobre los vínculos interpersonales a través del tiempo, generándose un estilo de relación padres-hijos, o entre hermanos, que pasa a constituir una norma familiar fuertemente disfuncional, que tiende a ensombrecer el pronóstico del cuadro.

El desgaste en los vínculos, la construcción dañina de nociones y atribuciones, tales como *"contigo no se puede contar, siempre llegas impuntual, dejas todo para último momento; sí, tendrás ideas creativas, pero si no las pones en práctica..."*, y las alusiones a la inferioridad de la persona, como, por ejemplo, *"lo haces a propósito, eres un vago, eres un irresponsable, no te importan los otros; pobre, eres bueno pero te distraes siempre, la escuela no te interesa"*, suelen derivar en intensos sentimientos de minusvalía.

3. Programas estructurados de tratamiento

Polaino-Lorente y Ávila (2000) se adscriben a programas estructurados y directivos en relación a los tratamientos. El regreso a estilos de crianza menos permisivos, con más control, está logrando ciertos espacios de reconocimiento, en especial en niños con SDA/H. En esa línea, proponen las siguientes reflexiones para los padres:

Permitir que el niño haga lo que quiera no es educarle. Ser firmes con el niño no significa ser inhumanos o despiadados con él. Forzarle para que cumpla el reglamento familiar no es privarle de libertad. Al contrario, de esta forma los padres favorecen la madurez y responsabilidad de su hijo y evitan que sea, en el futuro, una persona de voluntad frágil y caprichosa. Establecer un reglamento familiar no anula la autoexpresión o la creatividad del niño. Únicamente las personas que controlan sus impulsos pueden llegar a hacer cosas importantes. Los individuos que no controlan sus caprichos, acaso podrán ser brillantes, pero nunca harán nada de provecho ni para ellos mismos ni para la sociedad.

Estructurar el ambiente familiar ayuda al niño hiperactivo a formularse expectativas y valores que pueden dar sentido a su vida. Establecer un reglamento familiar no implica que los padres no favorezcan el diálogo con el niño, o que le impidan expresar sus sentimientos.

Ahora bien, los padres deben educar el temperamento explosivo de su hijo ayudándole a ser más racional, y no dejarse llevar por sus emociones. *Decidir por el niño no es abusar de su minoría de edad.* Los padres tienen la obligación y el deber de tutelar a su hijo, hasta que éste alcance la madurez necesaria para decidir por sí mismo. Por otra parte, los padres pueden y deben permitir al niño decidir algunas cuestiones, como, por ejemplo, la ropa que se va a poner o el encargo doméstico que realizará. Cuestiones tales como ir o no al colegio, comer o tomarse la medicación, son decisiones que no competen al niño hiperactivo, por su tendencia a hacer sólo lo que le agrada y, fundamentalmente, por su falta de madurez para asumir las consecuencias de sus decisiones.

En ocasiones resulta difícil determinar si ciertas conductas disruptivas y desafiantes de los niños responden a lo esperable en pequeños que presentan el SDA, o si responden a situaciones ambientales solamente. En estos casos especialmente, los medicamentos no tienen ningún efecto, e incluso producen mayor inquietud en el niño. Es bastante común confundir el comportamiento de un niño *rebelde* con el de uno con SDA/H.

4. El niño rebelde

La calificación de un niño como *rebelde* engloba una serie de características y de conductas que resulta difícil incluir en una sola categoría. Muchas veces, la rebeldía depende de las normas del grupo, de la cultura imperante, de la mayor o menor permisividad del sistema.

El niño *rebelde,* en la mayoría de los casos, presenta inseguridad afectiva a la base de sus conductas. Esta inseguridad puede originarse en celos, rivalidad con algún hermano o falta de atención de sus padres, lo que aumenta su deseo natural de que se le atienda. La inseguridad en la relación afectiva siempre produce dificultades (pena, rabia, etc.), sin que influya en ello la edad que se tenga. Lo que más se nota es la rabia, la que muchas veces se constituye en una forma de disfrazar la pena. La rebeldía pasa a ser una especie de desquite y, a la vez, una forma de obtener atención, independientemente de la calidad de ésta. El beneficio que obtiene el niño portándose mal es percibido por él como superior al costo emocional que suponen las sanciones.

A la base de la inseguridad, también puede estar el exceso de normas y/o la arbitrariedad o injusticia en su aplicación. La inconsistencia en la disciplina, ya sea individual o entre los padres o adultos a cargo del niño, aparte de impedir la fijación de hábitos, genera un conflicto de lealtades. Muchas veces, la imposibilidad de imponer normas disciplinarias deriva de los propios sentimientos de culpa del padre o la madre, que sabe que le está dedicando poco tiempo al hijo, y lo compensa consintiéndolo, comprándole cosas, sin ponerle límites en sus comportamientos.

También son una fuente de inseguridad para el niño las expectativas poco realistas de los padres en relación a las capacidades de él y que suelen ser compensatorias, a veces, de sus propias frustraciones, niveles de exigencias que superan lo esperable para su edad, su madurez o sus capacidades.

Si estos estilos de crianza son capaces, por sí solos, de producir altos niveles de inseguridad y rebeldía en pequeños que no tienen problemas de inmadurez o de otro tipo, es indudable que son especialmente críticos cuando se trata de niños con SDA/H.

Cualquiera de las causas que se señalan como signos de rebeldía, también lo son de conductas agresivas, violentas, desafiantes, irritables, negativistas, etc. Hay un espacio en el que los síntomas clásicos del SDA/H coexisten con alguna o con varias de estas conductas. Esto resulta particularmente grave si se piensa que la depresión en niños se manifiesta (enmascarada) con cualquiera de las conductas anteriores.

5. Los hermanos

Por regla general, los miembros de la familia se ven afectados, algunos más y otros menos, por las conductas disruptivas del niño. Si se trata de un adolescente, es natural que sus hermanos mayores se sientan invadidos o interferidos en sus actividades. Si se trata de un escolar, es probable que el hermano adolescente, que requiere sus espacios de soledad, sienta que este niño lo molesta. Para comprometerlos en el tratamiento es fundamental la explicación de la naturaleza de sus dificultades, como también la descripción de las fortalezas o potencialidades que posee. Por ejemplo, es importante explicar a los hermanos que el molesto movimiento continuo del niño no lo hace para agredirlos o molestarlos, sino que se debe a que a él no le han madurado sus sistemas de autocontrol.

También es necesario reconocer ante los hermanos que la conducta del niño puede producirles rabia y frustración, con el fin de no culpabilizarlos. Se recomienda explicarles que todos pueden experimentar tales sentimientos. Legitimar las emociones de los hermanos no implica necesariamente aprobar sus acciones rechazantes, descalificadoras o el uso de agresiones verbales derivadas de sus emociones, ya que todo eso es lesivo para la autoestima del niño afectado por el síndrome y tóxico para la relación familiar.

Es importante que los padres tomen conciencia de que no deben sobrefocalizar la atención y los recursos familiares en el niño afectado, ya sea por exigencias reales o por culpas conscientes o inconscientes. Las conductas de los padres sobreprotectores pueden ser sentidas por los hermanos como injustas para ellos y deteriorar el clima hogareño y las relaciones.

Es fundamental recordar que la justicia es un elementos fundamental para la armonía familiar, lo que no excluye ciertamente algunas medidas de discriminación positiva frente al niño con problemas. Lo importante es evitar la sobreprotección porque lo debilita, y menos aún abandonar las necesidades emocionales y materiales de los otros miembros de la familia.

Una buena manera de satisfacer las necesidades de todos los miembros de la familia es acostumbrarse a establecer relaciones individuales con cada uno, ojalá incluso fuera del hogar, de manera que se produzca una relación más profunda, sin interrupciones y evite que los otros se sientan excluidos. Por ejemplo, Marisol, de 10 años, contaba cuánto mejoró la relación con su mamá cuando empezaron a salir una vez a la semana, las dos juntas, a realizar diversas actividades. Decía: *"Es la primera vez que he podido conversar 'de corrido' con mi mamá. No es que no quiera a mis hermanos, pero yo necesito que haya tranquilidad a mi alrededor, para hablar de mis cosas"*.

6. Los conflictos entre los padres

Ciertamente, uno de los motivos de discusión en la mayoría de las familias lo constituye la forma de educar a los hijos, y cuando uno de ellos es hiperactivo no es tarea fácil establecer acuerdos consistentes sobre cómo enfrentar sus conductas disruptivas.

Una actitud frecuente ante las dificultades del niño afectado por el síndrome suele ser atribuir sus problemas a las acciones del otro miembro de la pareja, al que se suele tildar de poco comprometido, ausente, permisivo, excesivamente crítico o rechazante. Esta actitud, lejos de solucionar el problema, lo agrava, ya que se ha comprobado que uno de los elementos que más favorece el desarrollo emocional del niño SDA/H (y de cualquier otro pequeño) es su percepción de que sus padres forman una alianza o un equipo que enfrenta en forma conjunta su crianza.

Las desavenencias entre los padres tienden a intensificarse en la medida que la tarea se hace más difícil a causa del temperamento conflictivo del hijo. En este contexto, los canales de comunicación pueden bloquearse y, al obstaculizarse el diálogo, las diferencias entre ellos se intensifican (Taylor, 1998).

En este marco de dificultades, el sufrimiento del niño se hace mayor porque percibe que él es motivo de la desunión y de los problemas entre sus padres. El pequeño, puesto en esta situación de tensión entre sus padres, puede agregar un sentimiento de culpa a los problemas que ya tiene, lo cual constituye un elemento muy perturbador para su desarrollo afectivo. Cuando una familia llega a esta situación, lo más aconsejable es que solicite ayuda para salir de un círculo vicioso interaccional, el que una vez que se consolida resulta muy difícil de superar.

Los padres de Joaquín consultaron en busca de ayuda, ya que ha-

bían tenido un franco deterioro en su relación de pareja a raíz de la imposibilidad de llegar a un acuerdo sobre cómo enfrentar los problemas derivados de la impulsividad y la hiperactividad de su hijo.

Joaquín, de 9 años, un niño muy inteligente, presentaba una conducta muy disruptiva en la casa, peleaba con los hermanos, durante las horas de comida se paraba de la mesa varias veces, interrumpía las conversaciones y sus modales para comer dejaban mucho que desear. La madre planteaba que el padre es excesivamente estricto, que lo pasaba retando la mayoría de las horas que pasaba con él y que lo castigaba con demasiada frecuencia. Por otra parte, el padre opinaba que la madre no le ponía límites y que las dificultades del niño se debían exclusivamente a su conducta permisiva.

El pequeño, a su vez, en su relato de la situación familiar, reporta lo siguiente:

"Me da tanta pena. Mis papás pelean mucho por mi culpa porque yo no sé portarme bien. A veces, mi papá me da miedo porque se enoja tanto. A mí me parece que ellos no saben muy bien cómo educarme".

Evidentemente, en la narrativa familiar, hecha por cada uno de sus miembros, se observan claras diferencias y distintas perspectivas de cómo abordar el problema y elementos de maltrato infantil, lo que suele ser frecuente en niños con SDA/H.

Los componentes de análisis que se entregaron a los padres guardaban relación con el hecho de que ambos estaban deslegitimados como autoridad, no sólo frente a Joaquín, sino también frente a los otros dos hermanos, por lo cual era necesario hacer una cambio radical, dado que la desvalorización de la autoridad, especialmente en la adolescencia, se constituye en grave factor de riesgo.

Se explicó a los padres la importancia de que cada uno hiciera algunos cambios en la dirección señalada por el otro, en la medida que la excesiva permisividad de la madre era una reacción a la dureza del padre y, a su vez, la rigidez de éste se veía estimulada para contrarrestar lo que percibía como una actitud sobreprotectora por parte de la madre. Esta forma de acción compensatoria de los déficits del otro padre, los alejaba cada vez más y hacía que el hijo percibiera el desacuerdo cada vez más profundo entre ellos.

También se les clarificó que las dificultades del niño no eran voluntarias, sino que tenían su origen en un SDA, y se les sugirió que participaran en un taller de padres con hijos afectados con el síndrome.

7. La perspectiva de la psicoterapia familiar sistémica

Desde la perspectiva de la terapia familiar sistémica se recomienda pensar cuáles son las dinámicas y las situaciones conflictivas familiares que perpetúan y/o mantienen el síntoma. Se sabe que la familia por sí misma no es un factor etiológico significativo, es decir, el SDA/H no tiene su origen en las dinámicas familiares, pero interesa conocer qué hace (o no hace) la familia para que la situación se mantenga en el tiempo o empeore.

Dentro de los problemas que más profundamente preocupan a las autoridades escolares y de salud aparece en primer lugar el grupo de niños que desafían la autoridad y que no acatan normas, seguidos por los *problemas de hiperactividad e inatención,* diversos déficits en habilidades sociales y, finalmente, la inmadurez y excesiva dependencia. Es decir, los niños rotulados como con problemas de hiperactividad e inatención son identificados como niños problema para el colegio (Ministerio de Salud de Chile, 1997); a eso hay que agregar que, frecuentemente, los niños con SDA/H presentan déficits en habilidades sociales, inmadurez y dependencia excesiva.

Sin desconocer el fuerte impacto de los medios y las condiciones socioculturales, el tema se relaciona sin duda con la familia, como primer agente socializador del niño. Desde la perspectiva familiar sistémica, el problema de adaptación social es un tema que debe ser abordado, valga la redundancia, en forma sistémica desde la escuela y la familia. Los estilos disciplinarios de la familia y los del colegio, las formas de comportamiento que un sistema y otro privilegian, cualesquiera que sean, pueden potenciarse o anularse mutuamente dependiendo de sus características, consistencia y adecuación de normas, formas de control, etc.

Los estilos parentales de crianza dependen de procesos históricos y culturales (las normas de crianza de los progenitores actuales difieren de las empleadas por sus padres o sus abuelos; las normas de crianza occidentales difieren de las orientales, y las normas de crianza en diferentes niveles socieconómicos también son diferentes). Estos estilos parentales de crianza, sean los que sean, son desafiados por el niño con SDA/H.

El comportamiento del niño hoy es diferente de lo que fue el de sus padres, y si los estilos de crianza clásicos ya no tienen vigencia para los pequeños de hoy en general, su vigencia es nula para los niños con SDA/H. En casos en que el padre también haya presentado el síndrome, es posible que se muestre más comprensivo, no obstante que su discurso suele ser del tipo *"yo era igualito, pero se me pasó solo"*, con lo que paraliza cualquier intento de intervención oportuna.

La forma en que la familia se relaciona con el niño SDA/H también depende del tipo de familia y de su momento evolutivo. Actualmente no se puede hablar de *la familia* como un concepto unívoco y común a todos. Existen las familias uniparentales, reconstituidas, extendidas (al menos con un miembro de la generación anterior integrado en la actual), allegadas, por nombrar sólo algunas. Se suma a esto que las casas son más pequeñas, dependiendo de los recursos económicos del grupo familiar, lo que también afecta al momento de compartir los espacios con un niño inquieto e hiperactivo, impulsivo, desorganizado con sus pertenencias y sus horarios. Esto produce roces y conflictos interpersonales, en los que este niño puede ser el centro.

Otro tema que se relaciona con la familia y las normas en cuanto a crianza tiene que ver con las ideas y creencias imperantes en el seno familiar sobre qué es ser niño y cuáles son sus necesidades, qué esperar de ellos. Puntos estos muy variables dependiendo de factores socioculturales.

Por otra parte, y no es un tema menor, el momento de ciclo familiar también es un punto a considerar. Si el niño con SDA/H es el primer hijo, el último luego de varios hermanos, o *hijo del medio,* si los padres son jóvenes o si ya son mayores y con más experiencia en la crianza de los hijos, etc. Todo eso influye en el lugar que ocupa el niño en las dinámicas familiares.

7.1. *La autoridad y las normas. Congruencia y consistencia*

Considerando su desarrollo cognitivo y moral, el niño en edad escolar no cuenta todavía con la posibilidad de autonormarse en relación a valores absolutos internalizados. Lo bueno y lo malo está determinado por otros. Se encuentra en un período de moralidad heterónoma (no autónoma) en que las leyes no se discuten y que lo bueno y lo malo se evalúa por sus consecuencias. Por lo tanto, debe contar con figuras de autoridad (adultos) que dicten las normas de conducta. Si esto es lo común para todos los niños, en el caso de los que padecen SDA/H cobra particular relevancia.

Las figuras de autoridad son, en primer lugar, sus padres. El acuerdo entre ellos es central. No puede haber dos estándares de conducta funcionando en paralelo. El niño se confunde, no puede adaptarse a dos tipos de contingencias, a que una vez se le premie por algo o no reciba sanción alguna y que luego se le castigue por una misma conducta. No comprende que sus padres, poseedores de la verdad absoluta, no estén de acuerdo sobre lo que es bueno o malo. Lo confunde, y es una carga adicional, tener que decidir él mismo si algo está bien o mal. O discutir con sus padres, figuras de autoridad, sobre lo que está bien o mal. O darse cuenta que se pueden violar esas normas con consecuencias impredecibles.

Más lo confunde aún que las normas del colegio no sean las mismas que las de su casa. Que lo que en una parte se acepta, en la otra no, y, por el contrario, se castigue. Si en la casa no hay horarios ni rutinas, ni normas, malamente podrá adaptarse a un ambiente como el de la sala de clases, en que la convivencia de 40 niños en un espacio reducido hace que el respeto por las normas de convivencia y por los límites sea un tema central. De igual manera, el niño se confunde y se angustia si proviene de un hogar muy normado, y sus conductas son interpretadas por sus compañeros como distintas o incomprensibles.

En ese contexto, el profesor representa una figura de autoridad;

muchas veces, la única. Esta figura debe ser apoyada por los padres, nunca descalificada frente al niño. Las diferencias entre la familia y el colegio, hecho que puede ocurrir en un espacio que se tensa y en el que existe ansiedad y muchas veces incertidumbre, no deben ser conocidas por el niño ni deben afectar la imagen que él tenga de su profesor. Las diferencias o las descalificaciones entre el colegio y la familia confunden sus lealtades.

Debido a su etapa de desarrollo psicológico, el escolar no se opone a la autoridad (si bien puede haber excepciones, especialmente en niños con SDA/H que presentan cuadros de comorbilidad asociada), aunque sin duda tienen un exceso de vitalidad en esta etapa, que los lleva a ser naturalmente inquietos y audaces, característica esta que aparece aumentada en los niños hiperactivos. No obstante que esto puede provocar dificultades en el colegio, ello no implica el desafío a las normas ni a la autoridad: el niño no cuestiona la legitimidad de la autoridad del adulto, a menos que su experiencia o su percepción de inconsistencias y arbitrariedades lo hayan llevado a eso.

La familia constituye el contexto normal para crecer y recibir protección. Es un grupo natural que en el curso de su desarrollo ha elaborado pautas de interacción que conforman una estructura que dirige y organiza el funcionamiento de los miembros, define sus conductas y facilita sus interacciones a fin de facilitar la individuación y proporcionar pertenencia. Cada miembro de la familia conoce las pautas, es consciente de este mapa y se maneja con facilidad dentro de los parámetros que le proporciona. Dadas sus características cognitivas, es muy probable que el niño con SDA/H no lo haya internalizado y que requiera que el adulto le *enseñe, le explique, le verbalice y le haga evidente* dicho mapa.

En relación a estilos de crianza y a la forma en que los padres ejercen su función, para los niños con SDA/H no son adecuados los estilos dictatoriales, caracterizados por excesivo control, en los que vale el castigo y en los que se privilegia la obediencia. Tampoco son idóneos los estilos demasiado permisivos, para los que se debe contar con suficiente autonomía de parte del niño, ya que no hay normativas familiares a las cuales ajustarse, ni control por parte del adulto. En especial a estos niños, la falta de normas consistentes y de límites les produce ansiedad y desorientación.

Ellos necesitan adultos que ejerzan su rol normativo, que dirijan, que fijen límites consistentes, que orienten, que protejan. En la medida que estos roles sean desempeñados en forma efectiva, los hará sentirse amados, contenidos, seguros y cuidados.

7.2. *Intervención psicoterapéutica desde el modelo familiar sistémico*

Juan Pablo tiene 6 años y 10 meses, pero aparenta menos edad. Es un niño delgado, muy inquieto, simpático, espontáneo, conversa con el terapeuta, pregunta. Asisten a la consulta el padre, la madre y el hijo mayor, Pedro, de 12 años.

Pedro se sienta entre el padre y la madre, mientras Juan Pablo ocupa una silla a un costado del grupo, hojea unas revistas, las tira al suelo y finalmente descubre que en un rincón de la sala hay una caja de juguetes. Se dirige hacia allá y comienza a sacar los juguetes uno a uno, hasta que finalmente vuelca la caja para sacar el resto. A cada rato, toma alguno y se dirige al grupo conformado por sus padres y su hermano, para mostrarles el juguete, para invitarlos a jugar con él. También se dirige al terapeuta para preguntarle si se puede llevar alguno para su casa, de quién son los juguetes, etc. Su incesante actividad y sus preguntas e invitaciones a jugar interfieren el curso de la sesión. El niño parece no escuchar; sin embargo, de vez en cuando hace comentarios sobre lo que se está diciendo, que demuestran que sí está escuchando.

Al preguntar a la familia por el motivo de consulta, la madre relata que la enviaron del colegio porque Juan Pablo no aprende a leer. El niño cursa el segundo semestre de primer año básico, y mientras sus compañeros ya leen, él todavía no reconoce algunas letras, las confunde y sólo lee unas pocas palabras, tales como mamá, papá, su nom-

bre y algunas otras. Puede sumar y restar mentalmente en el ámbito de la centena, pero no logra escribir los números y operar con ellos. La profesora reporta que el niño no es aceptado por sus compañeros, que se aísla cuando sale a recreo. Es bueno para el deporte, pero no lo invitan a los juegos. Se para constantemente en la sala de clases y molesta a sus compañeros, les pide útiles y no los devuelve.

La profesora lo sentó cerca de ella, pero no ha logrado que la situación mejore, salvo que Juan Pablo trabaja un poco mejor, pero no lo suficiente como para alcanzar a sus compañeros. Puntualmente, durante la semana anterior le pegó a un compañero y a continuación hizo una pataleta cuando la profesora le pidió que se disculpara. Debido a esta situación, es derivado al psicólogo.

El niño, en la consulta, interrumpe su juego y dice que el compañero se estaba riendo de él y que por eso le pegó. El padre considera que la profesora deja que se rían del niño, que a él le pasaba lo mismo y que "esas cosas había que arreglarlas a combos, ya que de otra manera va a ser un apollerado igual que éste" (señala a Joaquín). La mamá pasa su brazo por el hombro de Joaquín y lo atrae hacia ella.

La sesión continúa. El terapeuta pide información sobre el desarrollo psicomotor de Juan Pablo: parto prematuro de 30 semanas, bajo peso de nacimiento, estuvo en incubadora 15 días por insuficiencia respiratoria. Niño inquieto desde su nacimiento. Su madre lo describe como impaciente, llorón, pataletero, peleador ("igualito al papá"). Entra a jardín a los 3 años, pero lo retiran porque "no se acostumbró nunca" y además "pasaba enfermo". Cursa kinder en el mismo colegio en que está el hermano. Pasa a primero condicional, porque su rendimiento es inferior al esperado, no obstante que en ese momento se le hace una evaluación psicométrica (pedida por el colegio), cuyos resultados ubican su coeficiente intelectual dentro del rango de normalidad superior, pero con rendimiento heterogéneo e índices de inmadurez emocional.

El desarrollo psicomotor de Juan Pablo fue normal, con algún retraso en lenguaje (dislalias múltiples). Recibió apoyo fonoaudiológico y a los 5 años su lenguaje era normal para la edad, aunque todavía hoy persiste alguna dificultad para pronunciar la consonante rr. Caminó antes del año. Su madre dice que el niño "no caminaba, sino *que corría, andaba lleno de moretones porque se pegaba en todas partes... desde que nació este niño, se acabó la paz del hogar... el que más sufría era Pedrito, porque le tomaba todo y lo rompía... ni siquiera podíamos salir de paseo, porque había que andar detrás de él para que no hiciera tonteras...".*

El padre guarda silencio y Pedro asiente con la cabeza a todo lo que dice la mamá. Juan Pablo deja los juguetes botados y se asoma por la ventana. La madre le pide a Joaquín que cierre la ventana. Juan Pablo reacciona abriendo nuevamente la ventana. Finalmente se dirige a su padre y le dice que está aburrido y que quiere irse. La madre le pide que guarde los juguetes en la caja, pero el niño se niega. Le pide que se despida del terapeuta, pero el niño abre la puerta y corre por el pasillo. El hermano y el padre lo siguen.

El terapeuta indica una interconsulta neurológica para evaluación y posible apoyo farmacológico a la terapia en caso de ser necesario. El neurólogo se comunica con el colegio y envía un test de Conners para evaluar el desempeño del niño en el contexto escolar. De acuerdo a resultados del test (altos índices de hiperactividad, impulsividad e inatención), más la historia de desarrollo pre, peri y postnatal, el reporte de la familia y los resultados de la evaluación neurológica, indica medicamento para apoyar la psicoterapia familiar.

La terapia familiar se orienta a reestructurar las dinámicas familiares, sacando a Juan Pablo del centro de las interacciones negativas y quitándole el rótulo de "el enfermo y el problema de la familia".

Secundariamente, se trabajan las normas familiares, las creencias en torno al SDA/H, a los medicamentos, los roles, las rutinas, los horarios, las responsabilidades. Se analiza la forma en que les afecta el comportamiento de Juan Pablo y lo que cada uno está dispuesto a hacer para ayudar a modificar la situación. Se enfatiza el hecho de que Juan Pablo tampoco lo pasa bien y que no está en su mano cambiar su conducta si la familia no lo apoya.

Se analizan las diferencias parentales en torno a la forma de crianza y la necesidad de tener una sola línea de acción, presentando un frente común ante los hijos, evitando absolutamente las mutuas atribuciones de culpabilidad por las conductas de Juan Pablo. Se trata de flexibilizar los roles rigidizados dentro de la familia: hijo pro-

blema igual al padre, hijo perfecto preferido de la madre y desvalorizado por el padre.

Se trabaja activando canales de comunicación y mutuo apoyo con el colegio.

A final de año, Juan Pablo aprende a leer y mejora sus relaciones con los compañeros de curso. Se muestra contento, participa de actividades deportivas que le permiten mostrar sus habilidades en esa área. Las relaciones al interior de la familia también mejoran.

Será necesario continuar el trabajo, ya que la importante mejoría experimentada luego de una intervención multisistémica como la realizada hace que la familia se tranquilice, que eventualmente considere que el problema está solucionado, que deje el medicamento y que vuelva a sus dinámicas habituales, con lo que es posible que al año siguiente haya que comenzar todo de nuevo.

IX. El SDA en adultos

1. Antecedentes

A diferencia de lo que se pensaba, actualmente se sabe que el síndrome por déficit atencional no se limita al niño en edad escolar, sino que se extiende al adolescente y al adulto, con cambios en las manifestaciones clínicas de acuerdo a la etapa de desarrollo de que se trate. Actualmente, la atención se centra en el SDA en adultos, pero resulta especialmente llamativo la escasa importancia que se le brinda al cuadro en edad preescolar.

La persistencia del cuadro a la base, a pesar de sus diferentes manifestaciones clínicas de acuerdo a la edad, es clara si se piensa en que las pataletas y berrinches del niño dejan paso al adolescente irritable, impulsivo y con baja tolerancia a la frustración; el niño que desafía los riesgos se transforma en el adolescente o el adulto propenso a sufrir accidentes automovilísticos o de otro tipo.

En relación a los estudios de seguimiento, en la década de los ochenta se comienza a plantear que en los adultos también existe el déficit atencional, ya sea residual, secuelas del mismo o el cuadro propiamente tal, con diferentes manifestaciones dependiendo de la edad.

A pesar de que a partir de ese momento se ha acumulado bastante evidencia empírica que apoya la existencia del SDA/H más allá de la infancia, la experiencia acumulada es aún insuficiente, lo que determina que se considere un síndrome que está todavía estudio.

Con el paso de los años, muchos adultos que fueron hiperactivos e impulsivos logran controlar esta sintomatología. J. Hopkins y su equipo de investigadores (1979) comprobaron que en la edad adulta, aquellas personas consideradas como hiperactivas mostraban igual latencia o velocidad de reacción para responder un problema que los adultos no hiperactivos, pero se diferenciaban de éstos en que su rendimiento era inferior. Este estudio evidencia la existencia de un déficit cognitivo en las personas afectadas con el TDA/H que tiende a mantenerse, a pesar de las apariencias. Los adultos estudiados por el equipo de Hopkins dedicaban el mismo tiempo a analizar la información que se les proporcionaba o el problema que se les planteaba, pero ese tiempo no se aprovechaba con la misma eficacia que las personas que no habían tenido síntomas de TDA/H en su infancia.

Ángela, de 34 años, llega a consultar a raíz de la pérdida de su tercer trabajo por conflictos laborales originados por sus déficits en el control de impulsos. En estas tres ocasiones, ella tuvo problemas con sus jefes por responderles en forma muy agresiva ante críticas por descuidos reiterados en su trabajo, que ella atribuye a sus dificultades atencionales.

Al momento de consultar, Ángela se siente muy deprimida e incapaz de autocontrolarse ni de organizarse para rendir bien en su trabajo.

Relata que sus dificultades se arrastran desde pequeña, cuando en el colegio tenía el mismo patrón de comportamiento con sus pares y con las figuras de autoridad. Su rendimiento se veía afectado, a pesar de su capacidad y recursos intelectuales. Con el apoyo de sus padres, la ayuda de medicamentos, rehabilitación psicopedagógica y psicoterapia logró terminar el colegio con notas regulares.

Al momento de entrar a la universidad le fueron retirados los medicamentos y abandonó el tratamiento psicológico. Sus recuerdos de esa etapa son de muchas dificultades académicas y de relaciones interpersonales. Sus compañeros evitaban realizar trabajos de grupo con ella, por considerarla poco persistente en sus esfuerzos y porque en varias ocasiones perdió los apuntes y otros materiales.

Ángela demoró más de ocho años en titularse y lo logró con mucho apoyo familiar.

Sobre la base de su historia clínica y de una evaluación psicológica, se consideró necesario enviarla a interconsulta neurológica a fin de determinar si requería de ayuda farmacológica, dada la persistencia de sus dificultades. El neurólogo indica medicamentos, los que tuvieron un efecto significativo en su capacidad de concentración y de control de impulso. Sumado a lo anterior, se inicia un tratamiento psicológico orientado a mejorar su dañada autoestima, aumentar sus conductas reflexivas y desarrollar mecanismos de autocontrol.

El déficit atencional es un síndrome que aparece en la infancia, pero su sintomatología puede permanecer hasta la edad adulta, en especial si no es tratado tempranamente. Los síntomas característicos del cuadro, tales como las dificultades de atención, la impulsividad y la hiperactividad, pueden traer consecuencias complejas, ya que se asocian a problemas emocionales de diferente magnitud, como consecuencia de las reacciones del medio.

Si bien las causas fisiológicas constituyen un factor etiológico significativo, los factores ambientales influyen en la forma en que se manifiesta el cuadro y en las secuelas a lo largo de las etapas de la vida. Si un niño vive en un ambiente estable y con normas claras, en el que se siente protegido, querido y seguro, probablemente se transformará en un adulto productivo y trabajador y sólo tendrá como secuelas algunas dificultades de atención, que se presentarán como olvidos frecuentes o dificultades menores para retener y procesar información.

Si, por el contrario, su entorno familiar y escolar no le proporcionan estabilidad, contención, límites, etc., probablemente se convertirá en un adulto con serios problemas de rebeldía con la autoridad y con dificultad para atenerse a las normas. Las consecuencias son mucho más graves cuando el niño ha sido maltratado por sus padres o por el sistema escolar a causa de su sintomatología. En tales casos, se producirán trastornos del vínculo con los adultos y problemas con su imagen personal.

Muchos adultos que presentan el síndrome no fueron diagnosticados en la infancia o en la adolescencia, y como producto de esto crecieron lidiando con un problema que desconocían. A otros, que fueron diagnosticados oportunamente como hiperactivos, se les informó que sus síntomas desaparecerían en la adolescencia, momento en el que se suspendían los tratamientos, en espera de que la madurez solucionaría todos los problemas. En muchos casos, esto no ocurría y el adolescente comenzaba a presentar conductas desadaptativas, problemas para relacionarse con los demás, mal rendimiento en la escuela, lo que, sumado a las naturales dificultades del período evolutivo, complicaba el manejo y el pronóstico del cuadro.

Aun cuando haya diferencias entre los investigadores acerca de la verdadera magnitud del SDA/H en la infancia, cálculos muy conservadores apuntan a que un 4% de los casos no supera el cuadro y mantiene las características hasta la edad adulta. El considerar que se ha superado el cuadro no quiere decir que desaparezcan todos los problemas inherentes al síndrome, pero sí que esas personas aprenden a conocerse, logran desarrollar sus áreas de fortalezas y de ese modo compensan en gran medida sus limitaciones. En estos casos, las secuelas, si es que persisten algunas, no son significativas.

La hiperactividad, uno de los síntomas más llamativos del síndrome en la infancia, tiende a disminuir de manera importante con la edad, pero no sucede lo mismo con las dificultades de atención. La característica de las dificultades de atención y concentración en la adultez se manifiestan en olvidos frecuentes, confusiones en las fechas, dificultades para organizar y planificar sus acciones, todo lo cual repercute en su rendimiento académico y en sus actividades profesionales y laborales.

El problema de los adultos afectados o con secuelas de TDA/H es una insuficiencia en la capacidad para filtrar interferencias en la atención que les impide concentrarse y los impulsa a estar constantemente en actividad. El área responsable del control de las interferencias se encuentra en la zona frontal del cerebro.

Los problemas que el niño presentó en el colegio y que posiblemente continuaron durante sus estudios universitarios sin haber recibido un tratamiento adecuado, se trasladan ahora al campo laboral. El adulto puede en este momento encontrar en el alcohol o las drogas una forma de aliviar las tensiones derivadas de su sintomatología, lo que en su caso es doblemente riesgoso de desarrollar adicciones debido a su impulsividad.

Esta impulsividad, que lo mismo que la hiperactividad puede estar mejor manejada en la adultez, hace que su forma de reaccionar ante los problemas y las frustraciones sea poco exitosa, y los lleva a involucrarse en conflictos, laborales, familiares, de pareja, etc. Es una conducta característica el que se arrepientan de sus explosiones, pero aun así se deterioran relaciones interpersonales y su desempeño social. En los casos no diagnosticados ni tratados, las dificultades se atribuyen a que "desde niño fue igual", "él es así", etc. Al igual que sucedía en la sala de clases con compañeros y profesores, comienzan ahora a ser rechazados por sus compañeros de trabajo, en especial cuando la capacidad para trabajar en equipo es un requisito del cargo. No es raro que pierdan el trabajo por su falta de atención, frecuentes olvidos, no perseverancia o su carácter problemático que interfiere el trabajo de los demás.

2. Características del comportamiento SDA/H en adultos

2.1. Distractibilidad

La distractibilidad, característica en los adultos con secuelas o TDA/H, presenta manifestaciones conductuales muy similares a las que se mostraban en la infancia y en la adolescencia, que se expresan en dificultades para realizar esfuerzos mentales sostenidos. Son personas que en algunos casos ocupan cargos importantes, con altas exigencias en cuanto a trabajo de este tipo: lo realizan, pero necesitan cambiar de actividad antes de poder continuar realizando la misma tarea.

En los adultos con SDA/H es característico el que parecen no prestar atención cuando las otras personas hablan: miran hacia otro lado, consultan el reloj, interrumpen, no responden a lo que se les está diciendo, cambian de tema. Estas actitudes perjudican la calidad de sus interacciones verbales.

En su trabajo, especialmente cuando se trata de tareas rutinarias que exigen atención y concentración mantenida, se aprecian errores debido a que se distraen mientras están ejecutando una tarea, por interferencia de estímulos irrelevantes. En estas mismas situaciones cometen errores originados por descuidos en detalles que sí pueden ser relevantes para la tarea.

De la misma manera que en la infancia, son personas que a menudo pierden objetos, papeles, elementos importantes, porque no recuerdan donde los guardaron o porque los olvidaron en algún lugar.

Es indudable que estas personas, así descritas, tendrían poca o ninguna oportunidad para desenvolverse laboralmente en forma exitosa. Sin embargo, su desempeño depende de muchos factores, tales como el modo han trabajado para superar sus dificultades, las estrategias compensadoras que utilizan, sus recursos intelectuales y la buena elección de un lugar de trabajo que no implique la utilización preferente de habilidades que ellos no poseen.

Por ejemplo, una persona con SDA/H poco rehabilitada y que no utilice buenas estrategias para compensar, no podría desempeñar actividades que exigieran largos períodos de tiempo en silencio, sentados en un escritorio realizando tareas de rutina. Sin embargo, tienen buenos desempeños en cargos que requieren creatividad, energía, adaptabilidad a situaciones cambiantes, entusiasmo, etc., como es el caso del trabajo en ventas, marketing y, en general, en el área comercial de las empresas. Este es sólo un ejemplo que ilustra un tipo de trabajo para el cual sus características pueden significar una fortaleza más que una limitación. Pero hay muchos otros.

2.2. Impulsividad

La impulsividad otra de las características centrales del cuadro. De la misma manera que en el caso de la distractibilidad, el grado en que se manifiesta depende de muchos factores que se relacionan con la historia de la persona, del apoyo que ha recibido (medicamentoso, terapéutico, etc.).

Inquietud motora: les cuesta permanecer sentados trabajando en un mismo sitio. En general, la inquietud motora disminuye con la edad, pero los otros síntomas persisten, a menos que se traten especialmente o se intenten estrategias para un mejor manejo. Muchos de estos síntomas pueden ser manifestaciones motoras que se relacionan con la distractibilidad.

Tendencia a interrumpir a los demás, ya sea cuando están hablando o bien cuando están ejecutando alguna tarea.

Inclinación a hablar en exceso y a perder el hilo del discurso, lo que se origina, quizá, por dificultades para organizar el discurso en torno a una idea central. Esta impulsividad verbal, o hiperactividad verbal (como también se le ha denominado), se confunde con falta de atención al discurso del otro.

Les resulta difícil respetar los turnos, ya sea para hablar, mantener filas, actuar, etc., lo que les ocasiona conflictos interpersonales. Se muestran especialmente impacientes (más que otras personas) ante las esperas de los semáforos, en los atochamientos de locomoción y otras situaciones similares.

Dificultad para controlar la expresión de sus impulsos agresivos, entre otros, por lo que pueden tener conflictos con las personas que se relacionan. La expresión de este tipo de conductas depende también de muchos otros factores personales, situacionales, educacionales, etc.

Tanto la distractibilidad como la impulsividad y otros síntomas, aunque hayan estado presentes desde la infancia, se van modificando en su expresión a medida que la persona se desarrolla e interactúa en su medio. Estas mismas características aparecen más puras en el niño.

2.3. Las conductas de riesgo

Para nadie resulta raro el que los niños y los adultos con SDA/H parecen buscar afanosamente situaciones altamente estimulantes. Ellos parecen sentirse cómodos en ambientes ruidosos, haciendo muchas cosas a la vez, hablando con alguien y simultáneamente atendiendo un teléfono, etc. Asimismo, el niño parece incapaz de concentrarse en una tarea si al mismo tiempo no tiene encendido el televisor, busca algo en su mochila, habla con alguien, come, etc. Pareciera que necesitan constantemente de novedades y situaciones excitantes. Es probable que el niño pelee con su hermano porque está aburrido, más que porque esté enojado.

Así, es muy común que tanto el adulto como el niño (cada uno a su nivel) busquen situaciones de riesgo que les ayuden a manejar su tendencia a *aburrirse* y a enfrentar situaciones excitantes para evitar el tedio: conducir a altas velocidades, comprometerse en varios proyectos a la vez, buscando trabajos peligrosos, viviendo al borde del caos por no tener horarios ni presupuestos, incluso cayendo en situaciones riesgosas en cuanto a relaciones de pareja. Eso, sumado a la atracción por deportes extremos de todo tipo (los que, paradojalmente, parecen calmarlos), hacen de ellos candidatos a accidentes y situaciones vitales difíciles, tanto para sí mismos como para sus familias (Hallowell y Ratey, 1995).

Juan tiene 39 años y es un alto ejecutivo de ventas en una aseguradora. Él llega a su trabajo a las 7.10 horas, luego de hacer gimnasia y correr durante 30 minutos. A esa hora no ha llegado nadie a la oficina, así que aprovecha para revisar su correo, leer el diario, tomar un par de cafés, fumar un cigarrillo. Antes de las ocho, hora en que comienza a llegar la gente, prepara la reunión de vendedores, recorre las oficinas apurando a los otros para que asistan, entra y sale, habla con todos. Simultáneamente, habla con su secretaria, hace anotaciones en su libreta (que olvida en el escritorio), da órdenes. Frecuentemente, pareciera que no escucha, pero sí lo hace. Al menos, lo que le interesa.

Su capacidad de trabajo es ilimitada. Su secretaria es una pieza clave de su puzzle: le maneja su agenda de compromisos, le recuerda fechas, le programa reuniones, hace las citas. En general, es exitoso, creativo, intuitivo para los negocios.

Se impacienta en el hogar: le cuesta tolerar los juegos de sus hijos pequeños. Quiere a su esposa, pero se aburre y siente que ella no lo acompaña. El fin de semana intenta descansar, para lo cual inventa panoramas llenos de actividades; especialmente le atraen las carreras de autos y el motociclismo deportivo. Los juegos de azar comienzan a ejercer un gran atractivo sobre él. Últimamente ha perdido fuertes cantidades de dinero, tanto en casinos como en apuestas.

Consulta por esto último. Afirma que no es el perder dinero lo que le preocupa, sino lo atraído que se siente por el riesgo de perderlo:

"Amo la acción, incluso haría apuestas a ciegas, por el solo placer de arriesgarme a un problema financiero. Eso me haría sentir vivo, estimulado, entretenido".

A Juan se le diagnosticó SDA/H y comenzó un tratamiento farmacológico y psicoterapia. El medicamento le ayudó a focalizar su atención, lo que disminuyó su apetito de estímulos fuertes, capaces de atraerlo por su novedad o por su intensidad. La psicoterapia le ayudó a identificar sus propios sentimientos y a enfrentarse a ellos, situación que le resultaba inmanejable hasta ese momento y de la que huía buscando sensaciones nuevas, atrayentes, excitantes, riesgosas.

Una vez que el medicamento lo ayudó a concentrarse, la psicoterapia le sirvió para enfrentar sus emociones y sentimientos sin huir. Aprendió a controlar su necesidad de estar en constante movimiento, atendiendo a múltiples situaciones simultáneamente. En síntesis, consiguió vivir a un ritmo normal, lo que disminuyó la cantidad de errores que cometía en su trabajo y su atracción por los juegos de azar y por los riesgos, y finalmente le hizo recuperar el placer de permanecer en su hogar junto a su familia.

Las conductas de riesgo que se asocian a las personas con SDA/H, además de las señaladas, pueden ir acompañadas de adicciones, temperamento difícil e impredecible, hábito compulsivo por los ejercicios físicos, impaciencia, accidentabilidad, compras compulsivas, etc.

2.4. Déficit en la inhibición de la conducta y en las áreas de funcionamiento pragmático (de ejecución)

R. A. Barkley (1997) propone que el déficit más importante en el SDA/H, independientemente de la hiperactividad y la inatención, es un defecto en la inhibición de la conducta, lo que interfiere significativamente el funcionamiento cotidiano, las praxias del desempeño laboral, escolar, social, etc. Con estas *praxias* el autor alude a la memoria de trabajo (verbal y no verbal), la regulación del afecto, la motivación, el estado de alerta (arousal), todo lo cual afecta el autocontrol y la capacidad de conducta dirigida hacia metas.

Actualmente se hipotetiza que los problemas de inhibición de la conducta están ligados a anormalidades en los lóbulos frontales y en otras estructuras corticales, tales como los núcleos caudados. En los últimos años, esta teoría ha concitado el interés de los investigadores, en especial en lo que se relaciona con la evaluación de las así llamadas *funciones ejecutivas* (Hechtman, 2000), de manera que actualmente se dispone de varios test para evaluarlas (p.e. Wisconsin Card Sort, *Tower of London Test)*.

La memoria de trabajo se evalúa a través de susbtest correspondientes a test de inteligencia general, pero es claro que estas medidas se refieren a algún aspecto del funcionamiento ejecutivo, aunque en ningún caso al amplio rango de áreas que componen esta importante función. Hoy no se cuenta con un test destinado específicamente a evaluarla.

La teoría del déficit en la inhibición de la conducta y del funcionamiento ejecutivo, en la medida que se continúe investigando, promete aportar nuevas perspectivas para el diagnóstico y el tratamiento, aun cuando no está comprobado que este déficit sea específico para el SDA/H y que no aparezca también asociado a otros cuadros.

3. Criterios diagnósticos para SDA en adultos

Existen escasos instrumentos para evaluar el SDA en niños, y casi ninguno en adultos. Para esto se utilizan algunas escalas con criterios diagnóstico basados en la observación clínica de adultos con SDA. La que se presenta a continuación fue realizada por E. M. Hallowell y J. J. Ratey (1995). Ellos estudiaron una importante muestra de pacientes, observando que la tríada clásica de síntomas de la infancia –distractibilidad, impulsividad e hiperactividad o inquietud–, aunque de manera diferente, también se da en los adultos.

Especialmente en los adultos, a esta tríada se suman frecuentes cambios de humor, depresión, baja autoestima, etc.

La *escala de observación* propuesta por Hallowell y Ratey puede también ser utilizada como pauta de autoobservación. Para considerar que se cumple el criterio, la conducta debe presentarse en forma considerablemente más frecuente que lo normal para personas de la misma edad.

A) Una alteración crónica en la cual por lo menos están presentes 15 de los siguientes síntomas:

1. *Sensación de no rendir lo suficiente, de no cumplir las propias metas* (independientemente de cuánto se haya logrado). Este síntoma es el principal motivo por el cual el adulto busca ayuda. La persona puede ser competente en relación a sus pares, o su rendimiento puede ser fluctuante, pero igualmente su sensación es la de estar perdido en un laberinto, incapaz de capitalizar su potencial.

2. *Dificultad para organizarse.* Este es uno de los principales problemas de los adultos con SDA. Sin el ambiente estructurado del colegio, sin los padres organizándole la vida, el adulto puede sucumbir a las demandas de todos los días. Pequeñas cosas pueden transformarse en enormes obstáculos: la pérdida de un cheque, de un apunte, el olvido de una cita, etc.

3. *Problemas para comenzar a hacer algo.* La ansiedad al inicio de una tarea puede deberse a temores o inseguridad de hacerlo bien, y entonces la postergan una y otra vez, lo que hace que la ansiedad aumente.

4. *Inicio simultáneo de una gran cantidad de proyectos,* con los consiguientes problemas para llevarlos adelante. En relación al número 3, cada vez que se posterga una tarea se inicia otra. Finalmente, son muchos los proyectos que comienzan, pero muy pocos los que concluyen.

5. *Tendencia a decir lo que se piensa,* sin considerar muchas veces el momento o lo apropiado del comentario. Al igual que los niños en la sala de clases, el adulto SDA se entusiasma con suma facilidad y habla o actúa con vehemencia.

6. *Búsqueda de estímulos intensos.* Siempre están en búsqueda de una determinada novela, de algo atrayente, en una especie de torbellino.

7. *Intolerancia al aburrimiento.* Como corolario del número 6, raramente se sienten aburridos, porque apenas se ven así se ponen en acción y buscan algo nuevo para hacer.

8. *Distractibilidad,* problemas para focalizar la atención, tendencia a cambiar de tema o volarse en el medio de una con-

versación o página de libro, aparejado con hiperfocalización de la atención en otros momentos. El sello distintivo del SDA, el *volarse,* es involuntario. Puede que esté atendiendo, pero de pronto deja de atender. También es frecuente una gran focalización en lo que se le está diciendo, pero eso no descarta el SDA, sino que confirma la inconsistencia de la atención.

9. *Con frecuencia, creativos, intuitivos, muy inteligentes.* No como un síntoma, sino más bien como un rasgo que merece consideración; muchos adultos con SDA son muy creativos. A pesar de su distractibilidad y desorganización, aparecen ideas brillantes. El descubrir estos rasgos es uno de los objetivos del tratamiento.

10. *Problemas para seguir los procedimientos establecidos,* prefiriendo desarrollar las propias normas en el trabajo. Contrariamente a lo que pudiera pensarse, esto no responde a rebeldía y a problemas con la autoridad, sino más bien a aburrimiento con las formas rutinarias de hacer las cosas, entusiasmo con lo novedoso y frustración derivada de no ser capaz de realizar lo que se supone debería hacer bien.

11. *Impaciencia y baja tolerancia a la frustración.* Ésta, de alguna manera, recuerda al adulto con SDA sus fracasos de la infancia, lo que le produce tristeza y rabia. La impaciencia deriva de la necesidad de estimulación constante y que lo lleva a ser considerado por los otros como inmaduro e inconstante.

12. *Impulsividad, tanto verbal como en la acción,* lo que puede traducirse en gastos o compras impulsivas, sucesivos cambios de planes, de carrera y de trabajo. La impulsividad es uno de los síntomas más peligrosos, aunque dependiendo de qué impulso se trate puede ser también una ventaja.

13. *Tendencia a preocuparse innecesariamente,* incluso a "inventar" cosas de qué preocuparse, alternando esto con descuido de problemas que requerirían su atención inmediata.

14. *Sentimientos de inseguridad.* Muchos adultos se sienten inseguros, independientemente de cuán estable o inestable sea su situación real. Sienten como si su mundo fuera a colapsar en cualquier momento.

15. *Humor variable, fluctuante, lábil.* Puede variar en lapsos pequeños de tiempo y sin razón aparente. Sin embargo, sus cambios de humor no son tan pronunciados como los asociados, por ejemplo, con depresión bipolar. Más que los niños, los adultos presentan inestabilidad del ánimo. Muchas de estas fluctuaciones se deben a sus vivencias de frustración y/o fracaso, mientras en la enfermedad depresiva la fluctuación deriva de bases biológicas.

16. *Inquietud.* En el adulto no es frecuente ver la inquietud que se ve en el niño. Pero, sin embargo, parece "nervioso", mueve los pies, tamborilea los dedos sobre la mesa, cambia de posición en el asiento, se levanta de la mesa; incluso se muestra inquieto mientras descansa o duerme.

17. *Tendencia a conductas adictivas* a sustancias como alcohol, cocaína, o a alguna actividad como caminar, comprar o trabajar.

18. *Problemas crónicos de autoestima.* Esos problemas son consecuencia de muchas frustraciones, fracasos o de la sensación de no estar en el camino correcto. Incluso, personas que han alcanzado altos lugares en su actividad desvalorizan sus propios logros. Resulta impresionante, sin embargo, la capacidad de resiliencia que muestran, a pesar de las caídas.

19. *Escasa agudeza para autoobservarse.* En general, no captan el impacto que causan en las otras personas. Su capacidad para autoobservarse es claramente inferior a la del resto de las personas.

20. *Historia familiar de SDA,* depresión bipolar, enfermedad depresiva, abuso de sustancias, o desórdenes en el control de impulsos o del humor. Considerando que el SDA es probablemente transmitido a través de los genes, no es infrecuente (aunque tampoco es una condición necesaria) encontrar varios miembros de la misma familia con el mismo cuadro.

B) Historia de SDA en la infancia, que pudo no haber sido diagnosticada en forma oportuna, pero que, al explorar en la historia, los síntomas pueden haber estado ahí.

C) Situación actual no explicada por otra condición médica o psiquiátrica.

Son varias las áreas que el SDA puede interferir en el adulto: rendimiento y desempeño general, capacidad de comprenderse y juzgarse a sí mismos y a los otros, incorporarse en proyectos creativos, permanecer en ellos y concluirlos, mantener un estado de ánimo constante, organizarse, tener el tiempo suficiente para hacer lo que debe hacer, no dejarse llevar por pensamientos negativos, etc.

Resulta difícil hacer el diagnóstico de SDA en adultos. No les es fácil hacer una introspección, precisamente por las características de su atención y de su estilo cognitivo. Rastrear en la historia tampoco resulta fácil, porque el SDA es anterior a la historia que se reporta y es posible que haya una mutua influencia.

El aceptar que se puede tener SDA ya es un buen punto de partida, y se supone que esa condición se ha manifestado desde la infancia. Sin embargo, es difícil aceptar, ya adulto, que se ha tenido un problema de aprendizaje o un trastorno de déficit atencional desde la infancia.

El diagnóstico puede tener variadas formas. En los niños, el tema central es el colegio y los problemas para aprender, pero en los adultos ese tema central no existe. Los problemas se dan en las relaciones interpersonales y el trabajo, pero sería muy raro que un empresario pida una evaluación por posible SDA para un empleado errático, distraído y de rendimiento fluctuante (o que lo solicite una esposa para su marido). Por lo común, el adulto consulta a raíz de encontrar por casualidad un artículo en alguna revista, porque alguien le comentó la posibilidad de que se dé el SDA en adultos, o muchas veces cuando consulta al neurólogo por un posible SDA en el hijo. En esta situación, y cuando se analizan las conductas del niño, se da cuenta que también él fue así. Pero lo más común es que el adulto no sospeche su condición y no reciba, por lo tanto, ninguna ayuda.

Todavía el SDA en adultos es poco conocido entre la comunidad médica y en el campo de la salud mental, pero esto debe ir cambiando. Por el momento, no es fácil encontrar ayuda especializada. Por otra parte, es de difícil detección, debido a que el síndrome engloba una variedad mayor de síntomas en los adultos que en los niños, y también es posible que otros síndromes se escondan bajo el diagnóstico único de SDA.

Tal como ocurre en los niños, los síntomas en los adultos se dan en un amplio espectro, que fluctúa desde los casos más severos, con importante desorganización, descontrol de impulsos y dificultad para perseverar en la tarea, sumado a baja autoestima y depresión, mientras en el otro extremo se encuentran casos de SDA más benignos, cuyos síntomas pueden pasar casi inadvertidos, o quizá permanecer enmascarados. También es posible que la persona se adapte y no le cause mayor problema, y que se descubra el SDA a raíz de estar siendo tratada por otros problemas (Hallowell y Ratey, 1995).

Una vez diagnosticado, lo más probable es que la persona experimente una notable mejoría debido al descubrimiento de que los síntomas tan largamente arrastrados tenían una explicación y un posible tratamiento. Ellos luchan contra su desorganización, impulsividad y distractibilidad, pero resulta más difícil superar los síntomas secundarios que originan muchos años de SDA no tratado: autoimagen deteriorada, baja autoestima, depresión, timidez en sus relaciones con los otros, desconfianza en las propias capacidades, inconstancia y temores. En eso, el camino es más lento y difícil.

3.1. *Diagnóstico diferencial*

El diagnóstico diferencial debe dirigirse a descartar trastornos del ánimo y de personalidad limítrofe, por la frecuencia con que se dan juntos y por la superposición de algunos síntomas:

a) *Trastornos del ánimo crónicos* (distímicos y ciclotímicos). A diferencia de los síntomas que caracterizan a estos trastornos de ánimo, los del SDA/H son de corta duración, sin anhedonia (ausencia de placer al realizar actividades agradables para la persona) y sin problemas físicos, tales como insomnio, anorexia y disminución de peso. Los pacientes que sufren trastornos crónicos del ánimo, frecuentemente se sienten aburridos, cosa que también les ocurre a los adultos con SDA/H. Por otra parte, estos últimos suelen presentar episodios de excitación, pero generalmente responden a situaciones ambientales, a diferencia de los episodios de euforia de los pacientes con trastornos del ánimo.

b) *Trastorno de personalidad limítrofe.* El trastorno de personalidad limítrofe y el SDA/H en los adultos comparten características tales como la impulsividad, los ataques de ira, labilidad emocional y aburrimiento, con ciertas variantes: en el SDA/H, la impulsividad es situacional, moderada, de duración más breve, los episodios de rabia son intensos pero se calman inmediatamente, a diferencia de la personalidad limítrofe, en que estos episodios son más persistentes en los sentimientos de rabia y la demuestran con mayor insistencia (Roitzblatt, Bustamante y Bacigalupo, 2003).

3.2. Comorbilidad

La comorbilidad es frecuente en el SDA/H en adultos. La importancia de detectarla a tiempo es que puede ser la causa de una mala respuesta al tratamiento, tanto farmacológico como psicoterapéutico.

Comorbilidad psiquiátrica en pacientes adultos con SDA/H

Tipo de trastorno	Frecuencia observada
Abuso y dependencia de alcohol	32-53%
Trastorno por ansiedad	25-50%
Trastornos del ánimo	20-40%
Conductas antisociales	18-38%
Trastornos específicos del aprendizaje	20%
Abuso y dependencia de sustancias	8-32%
Trastornos de personalidad en general	10-20%

(Wilens y cols., en Roitzblatt, Bustamante y Bacigalupo, 2003).

4. Tratamiento

Al igual que sucede en la infancia y la adolescencia, el tratamiento debe ser combinado y multimodal. Al menos, la psicoterapia y el apoyo farmacológico son indispensables, ya que su aplicación simultánea potencia los efectos de cada uno por separado y, por lo tanto, es de mayor efectividad que cada uno por separado.

4.1. *Apoyo farmacológico*

En relación al manejo de la sintomatología en los adultos, al igual que para los niños, existen alternativas farmacológicas. Los medicamentos psicoestimulantes, como por ejemplo el metilfenidato (Ritalín), tienen como efecto aumentar la capacidad de concentración, reducir la impulsividad y la actividad motora. Se relacionan con la regulación de la dopamina y la noradrenalina, que son los neurotransmisores cuya actividad se encuentra afectada.

En pacientes que presentaban comorbilidad con abuso de drogas o dependencia a cocaína se pudo observar mejoría, lo cual es interesante, ya que estos pacientes suelen mostrar menor adherencia al tratamiento. Si bien su uso ha sido cuestionado por los posibles efectos secundarios y riesgo de dependencia, distintas investigaciones confirman su indicación para adultos con SDA/H. También han resultado efectivos para el tratamiento los antidepresivos, con la ventaja de cubrir la comorbilidad depresiva. Según el medicamento de que se trate, pueden elevar los niveles de dopamina y/o norepinefrina. Aunque también efectivos, los resultados con antidepresivos son menos significativos que los logrados con los psicoestimulantes (Roitzblatt, Bustamante y Bacigalupo, 2003).

Los medicamentos ayudan al adulto a concentrarse en su trabajo y le disminuyen significativamente la ansiedad. En la medida que el fármaco esté bien indicado, mejorará su desempeño en cuanto que podrá rendir más, tanto en cantidad como en calidad, en el trabajo que realice, se sentirá más satisfecho con lo que hace, notará mayor respuesta y reconocimiento del medio y, por lo tanto, mejorará sus relaciones laborales.

4.2. *Intervenciones psicoterapéuticas*

El hecho de que el medicamento está bien indicado y administrado exige ajustar el tratamiento a las necesidades del paciente individual, pero no basta con eso. También es necesario hacer intervenciones educativas, ya que, por lo general, el adulto con secuelas desconoce las características del síndrome. El diagnóstico adulto certero, más la adecuada información les ayuda a entender que sus dificultades educativas, vocacionales y personales pueden estar relacionadas con el síndrome y no con una incapacidad, algún fracaso personal o cierta falla irremediable en la personalidad.

Es necesario considerar que muchas personas pueden presentar condiciones médicas coexistentes que requieran un tratamiento adicional, de tal manera que el adulto alcance mejoría y el debido bienestar psicosocial. Estos problemas coexistentes pueden incluir, entre otros, depresión, trastorno maníaco-depresivo (bipolar), ansiedad, pánico y trastorno obsesivo-compulsivo, abuso de sustancias, migraña, síndrome del colon irritable o disfunción tiroidea.

La psicoterapia puede ser una herramienta fundamental para el tratamiento en adultos, ya que si bien el medicamento disminuye la intensidad de la sintomatología, la persona tiene que enfrentar problemas y situaciones conflictivas actuales cuyos orígenes se remontan a la temprana infancia.

Una psicoterapia breve puede ayudar al adulto a comprender cómo sus inhabilidades, más que problemas de personalidad, pueden estar asociadas a un historial de rendimiento o desempeño inferior al de los compañeros, a dificultades en las relaciones personales y otros conflictos derivados de su SDA. Las psicoterapias de mayor duración, que pueden incluir también tratamiento con medicamentos, pueden ayudar a entender y manejar los cambios en el estado de ánimo, a estabilizar las relaciones y a aliviar cualquier sentimiento de culpa o desánimo y resolver conflictos más profundos.

Los adultos también se benefician cuando aprenden a estructurar su ambiente y manejar su tiempo mediante uso consistente de agendas, computadora personal, listas de tareas, organizar itinerarios; en síntesis, cuando aprenden a planificar su vida. Del mismo modo, se benefician cuando logran mejorar destrezas y habilidades sociales.

Un paciente de 45 años reportaba que antes de tomar el medicamento solía durar muy poco en sus trabajos, porque sus continuos olvidos eran vividos por sus jefes como negligencia. Sumado a eso, como le costaba organizarse, se encontraba con frecuencia sobrepasado por las tareas que le encomendaban, lo que le producía ansiedad e irritación y, a su vez, tendencia a responder en forma violenta cuando le llamaban la atención. En varias oportunidades, esta forma de responder le había costado el trabajo.

Después de un tiempo de cesantía se decidió a consultar con un neurólogo, quien le diagnosticó déficit atencional y le indicó tratamiento farmacológico (metilfenidato). A los seis meses de iniciado el tratamiento comenzó a experimentar evidente mejoría, tanto en la forma de vivenciar sus dificultades como en la manera de realizar su trabajo, en la facilidad para mantener la concentración por períodos más prolongados, en la disminución de sus niveles de ansiedad e irritabilidad. Paralelamente, una psicoterapia le ha ayudado a desarrollar un nivel de autocontrol que le permite mantener una convivencia armónica, tanto en su trabajo como con su familia.

Estos casos y muchos otros confirman que detectado a tiempo y con un adecuado manejo (multimodal, multisistémico y multisituacional), el SDA/H puede tener un pronóstico optimista, y más aún capitalizar las características en pro de un buen ajuste familiar, laboral y social.

X. Riesgo de agresividad, violencia y maltrato en niños SDA/H

1. Distinciones conceptuales

En muchas ocasiones, la agresividad se asocia a una característica del niño SDA/H. Sin embargo, ese tipo de afirmaciones son discutibles y debería estudiarse con mayor detenimiento si las conductas calificadas como agresivas en estos niños son realmente así, si él es preferentemente una víctima de las conductas agresivas o si es el ambiente hostil y violento en que se mueve el que propicia interacciones belicosas.

Agresividad no es lo mismo que conducta agresiva o violencia (Lolas, 1991). *Agresividad* es más bien un constructo necesario para integrar observaciones y experiencias relacionadas con el concepto de lo *agresivo*. A este concepto se asocia:

a) *Aspecto motor agresivo:* la persona que se comporta agresivamente dice, hace o comunica algo.

b) *Aspecto fisiológico asociado a reacciones neuroendocrinas:* aceleración del ritmo cardíaco, dilatación pupilar, etc.

c) *Vivencia subjetiva:* emoción, sentimiento o actitud hostil de rechazo, rabia, frustración, dolor, temor, de quien se comporta agresivamente y también de quien es objeto de la agresión.

Por otra parte, se entiende por conducta agresiva la que cumple con las condiciones de *transitividad,* que es la que pasa de un agresor a un agredido; *direccionalidad,* es decir que tenga un objeto al que se dirige, e *intencionalidad,* o sea que el agresor tenga por finalidad infligir daño (ya sea deseo o expectativa).

Violencia y agresividad son términos utilizados habitualmente como sinónimos sin serlo. La violencia es la manifestación o el ejercicio inadecuado de la fuerza o el poder, sin que haya necesariamente una intención o un objeto definido. Violencia y agresividad son conceptos ligados, pero puede darse el caso que se presenten separados; por ejemplo, gestos violentos pero no agresivos, como juegos rudos, y a su vez, actos agresivos pero no violentos, como la indiferencia ante la necesidad del otro teniendo la posibilidad de ayudarlo.

La agresividad se podría considerar como un comportamiento individual, de alguna manera evitable, mientras eso no está tan claro en el caso de la violencia (Serrano, 2000). Desde esta perspectiva, la violencia se refiere al contexto, al ambiente, a lo supraindividual, en tanto que la agresividad se relaciona con el sujeto agresivo, el que comete actos violentos dirigidos hacia alguien y con intención de dañar.

En el caso de la agresividad en los niños SDA/H sería importante calificar sus conductas como violentas más que agresivas, ya que es cuestionable que sus actuaciones (interpretadas por los otros como *agresivas)* tengan direccionalidad o intencionalidad. Lo distintivo de los comportamientos del niño SDA/H es que no hay direccionalidad definida. En síntesis, él quiere lograr algo, y al tratar de alcanzarlo atropella lo que encuentra en su camino, por ejemplo a otro niño, pero su intención no es agredirlo.

Por otra parte, respecto de la agresividad sin violencia –ejemplificada como la indiferencia ante las necesidades del otro–, el niño SDA/H se caracteriza por su genuino deseo de ayudar o de colaborar con el grupo. Es el grupo el que rechaza sus intentos de contribución.

Respecto de la *intencionalidad,* lo más común es que el pequeño actúe con buena voluntad, lo que contribuye a frustrarlo cuando se da cuenta que, a pesar de sus mejores intenciones, los resultados de sus acciones no son los buscados por él.

La diferencia entre niños con trastornos de conducta y niños con SDA/H, ante un mismo comportamiento que puede ser calificado como disruptivo, agresivo o violento, es que los primeros no manifiestan arrepentimiento o pesar ante el daño causado a personas, animales u objetos, mientras los segundos sí manifiestan arrepentimiento, pesar y deseos de no repetir esa conducta.

2. Las crisis sociales y valóricas y la violencia en la escuela

Aun cuando su irrupción en las aulas es más o menos reciente, el tema de la violencia en la escuela se ha transformado en algo que constituye una preocupación para las instituciones educacionales e incluso gubernamentales en nuestro país. En Estados Unidos se ha declarado este fenómeno como un problema de salud pública (Araya, 2000). Cabe destacar que la violencia escolar no se refiere solamente a la esperable entre los alumnos, sino también entre profesores, entre apoderados y profesores y entre directivos y docentes. En el último caso se le ha llamado *violencia institucional.*

Es decir, el ámbito en que se dan los comportamientos agresivos o violentos del niño SDA/H (en los casos en que ello ocurre) es un escenario en que la violencia es parte de la convivencia cotidiana. Es importante determinar si en este clima de agresividad, cualquiera sea el nivel, el niño SDA/H es el agresor o la víctima y cuáles son las circunstancias que favorecen este tipo de comportamientos, tanto en él como en el grupo.

Las conductas agresivas generalmente atribuidas a los niños SDA/H deben ser interpretadas considerando que el comportamiento violento implica un modo de interacción social que se da en un momento de la historia personal y social y en un lugar determinado con códigos sociales compartidos. Por lo tanto, toda vez que se analice una conducta agresiva deberá enmarcarse dentro del plano psicosocial y simbólico. La escuela constituye un contexto social bien definido y, por tanto, la agresividad escolar debe analizarse considerando esta realidad y el momento que vive el niño.

La escuela no es ajena a los movimientos políticos, culturales y sociales del entorno en que está inserta (Alcaide, Ravenna y Guala, 1998). Desde esta perspectiva pueden identificarse características que la diferencian de la escuela de hace cuarenta años o más:

Incidencias de crisis sociales e institucionales. La escuela vive la crisis de la postmodernidad. El colegio es un espacio social institucional que refleja las características agresivas de la sociedad en que está inserta (en este caso, la chilena).

Crisis valórica inherente al momento histórico y sociocultural. Pérdida del sentido de *para qué,* de la existencia de metas, de la conducta dirigida a fines, de valores como fuente motivacional, a la vez que delimitadores de lo aprobado o permitido (especie de frenos). El problema valórico se sitúa como el origen de un estado generalizado de *desencantamiento* o pérdida de sentido.

La escuela como lugar de ejercicio de poder. La escuela es una institución donde se ejerce el poder, no obstante no existir clara conciencia de ello. Esto produce la instalación implícita de la agresividad (o de un clima violento) y conflictos o roces entre los distintos actores.

Modelaje de la conducta agresiva. Los modelos actuales aparecen comparativamente más violentos y agresivos, irreflexivos y/o inadecuados para mostrar formas de interacción social facilitadoras de la convivencia. Muchos de ellos son proporcionados por los medios de comunicación en ausencia de los padres como reguladores o mediadores de esta exposición a los medios. Los modelos adultos aparecen como inconsistentes y con menos habilidades para manejar la propia agresividad.

Déficit o carencias de espacios, físicos y psicológicos, para canalizar energías. Ambientes comprimidos, recargados, tanto en lo físico como en lo psicológico. Contaminación acústica, visual y ambiental, en definitiva, son características que no favorecen el desarrollo emocional y relacional de los niños en general y de los niños SDA/H en particular. De ahí surge y se hace evidente la necesidad de actividades destinadas a descomprimir o descargar los ambientes.

Cambios y dificultades en la socialización del hogar. Aparece una especie de *legitimación* de los modos agresivos y del clima violento dentro del cual se resuelven las diferencias y los conflictos. Contradicción entre una mayor preocupación por la crianza de los hijos y un mayor abandono real. La cantidad de horas que el niño pasa solo, sin los padres o adultos, ha aumentado debido, entre otras cosas, a la incorporación de la mujer al trabajo remunerado fuera del hogar. Esto lleva a delegar la tarea de socialización en dos agentes externos: la TV y la calle.

Cambios en la percepción de la figura del profesor. El profesor como modelo de socialización sufre una especie de *deslegitimación,* lo que lo transforma en una figura vulnerable (como modelo de autoridad) frente a los niños. Esta vulnerabilidad dentro de la comunidad escolar deriva, posiblemente, de problemas asociados al rol y al reconocimiento social de su labor. Las crisis valóricas que afectan a la sociedad en general y a la escuela en particular, las limitaciones en los espacios físicos (aulas recargadas de niños, de ruidos, de estímulos), la pérdida de las figuras de autoridad, las dificultades de socialización del niño en el hogar y otros aspectos ligados al momento actual, son elementos que afectan la forma en que el niño SDA/H se adapta a la escuela y la forma en que se relaciona con sus pares y profesores. Una sociedad en que los valores fueran compartidos, escuelas con infraestructura adecuada, figuras de autoridad reconocidas y validadas, normas y límites aceptados y respetados por todos, crearían un entorno predecible, confiable y reconocible, en el que el niño SDA/H se desarrollaría, sin duda, con mayores ventajas de las que dispone actualmente.

Los problemas señalados, que sin duda afectan a la escuela como institución socializadora y a todo el proceso de la enseñanza, derivan por cauces distintos a los que son abordados en este trabajo; sin embargo, deben ser considerados como elementos que complican el manejo escolar y familiar de los niños SDA/H. En efecto, en ambientes en que las interacciones entre pares son armoniosas y la tolerancia es un valor compartido, es posible que las conductas del niño SDA/H (especialmente las que puedan parecer agresivas) sean mejor comprendidas, interpretadas y aceptadas que en ambientes poco normados o en climas escolares violentos.

Es evidente que el niño SDA/H requiere de actividades que se inserten dentro de un programa bien planificado, con objetivos claros para él, con significados compartidos de los que se sienta parte importante. Quizás el ambiente social *desencantado,* producto de la crisis valórica inherente al momento histórico y sociocultural, de la pérdida del sentido de *para qué,* señalado anteriormente, en que se inscribe la escuela, requiera de un esfuerzo adicional para organizar y dar sentido, al menos, a su entorno escolar y familiar más inmediato.

2.1. *El manejo del poder en la escuela y en el hogar*

Las graduaciones de poder están presentes tanto en el hogar como en la escuela. Estos dos sistemas presuponen una organización jerárquica con límites y fronteras generacionales claros pero flexibles entre los diferentes subsistemas.

Dado que estos niños son menos dados a reflexionar y a analizar el entorno y las claves sociales y ambientales, y la permanente exposición a modelos de conductas agresivas en los medios (favorecido por la menor presencia de los padres en el hogar), es posible que sean más fácilmente influenciados por esos modelos de violencia y agresividad en las relaciones. Por otra parte, el estilo de resolución de problemas mostrado por los adultos es el que aparece legitimado para él. Por lo tanto, el uso de formas de resolución de conflictos diferentes a la violencia o la fuerza tiene un sentido especial en este caso.

En todo sistema social hay preceptos que determinan el modo cómo las personas deben comportarse, lo que se debe hacer y lo que no. Tanto el sistema escolar como el familiar tienen reglas explícitas e implícitas, acordadas o no, rígidas o flexibles dependiendo de la funcionalidad del sistema. En el caso de los niños con SDA/H, la percepción de estos límites deberá ser apoyada, repetida y evidenciada más claramente de lo que requieren otros pequeños.

Los niños absorben las reglas de sus familias, las contrastan con las vigentes fuera del sistema familiar, principalmente con las de la escuela y las de las familias de sus compañeros a los que tiene acceso por amistad, y reproducen una versión nueva que integra lo vivenciado. Si estas reglas son diferentes, o incluso contradictorias o incompatibles, la posibilidad de que integre las diferentes normativas, sin sentir que es desleal a unas u otras, se dificulta en extremo.

Finalmente, se requiere de un máximo acuerdo y coordinación entre los padres y los profesores, de manera que el niño visualice coherencia entre los discursos y los mensajes que, explícita o implícitamente, le envían. Las figuras parentales entre sí, y ellos y los profesores, deben presentar un sólido bloque que pueda contener y a la vez apoyar al niño. Si se considera que hay una desvalorización y una deslegitimación social de las figuras de autoridad, se hace más evidente la importancia de la mutua valoración como figuras de autoridad de los padres y los profesores.

En un ambiente en que la posibilidad de conflictos y diferencias entre padres y profesores del niño es de fácil ocurrencia, también es fácil que entre ellos haya mutuas descalificaciones y atribuciones de responsabilidad en los problemas del niño. Por ello, se insiste en la importancia de los acuerdos y el apoyo mutuo, de manera que el niño perciba coherencia y consistencia entre los adultos como figuras significativas de autoridad, pero también de contención y afecto.

2.2. *Bullying*

Se refiere a situaciones de violencia o conflicto en contextos escolares, no siempre explícitas, que se producen entre pares. A estas situaciones se las ha denominado *bullying,* término inglés sin traducción exacta al español, y que apunta a conductas de intimidación, acoso, maltrato, aislamiento, amenaza, insultos sobre una víctima o víctimas que ocupan ese papel.

Olweus (1979) utiliza el término por primera vez para referirse a un alumno que es agredido o se convierte en víctima cuando está expuesto en forma repetida y durante un tiempo a acciones negativas que lleva a cabo otro alumno o varios de ellos. El maltrato al que apunta el *bullying* puede ser físico: patadas, puñetes, etc., y corresponde al que se da de preferencia en el nivel escolar básico.

El maltrato verbal, referido a insultos, menosprecio y burlas destinadas a resaltar o hacer patente un defecto físico u otro déficit, se da tanto en los grados de escolaridad básica como en los niveles medios. También se incluye dentro de este tipo de maltrato el psicológico, que menoscaba la autoestima del niño y fomenta su sensación de inseguridad y temor; no obstante, el componente psicológico está presente en mayor o menor medida en todas las formas de maltrato.

Independientemente de las descripciones de las características de los agresores, interesa destacar los rasgos distintivos de los agredidos, en la medida que los niños SDA, con y sin hiperactividad, participan de las peculiaridades señaladas para las víctimas del *bullying*.

Se aceptan dos prototipos de víctimas:

a) La víctima activa, *provocativa,* que exhibe sus propios rasgos característicos combinando un modelo de ansiedad y de reacción agresiva, lo que es utilizado por el agresor para excusar su propia conducta. La víctima provocativa puede actuar también como agresor mostrándose violento y desafiante. Suelen ser alumnos que tienen problemas de atención y concentración y que tienden a comportarse de manera apasionada e irritante para sus pares. A veces suelen ser tildados de hiperactivos y lo más habitual es que provoquen reacciones negativas en sus compañeros.

En este punto conviene poner atención, ya que los niños SDA/H, por sus características, suelen ser víctimas activas (o pasivas en menor medida) del *bullying,* lo que agrava sus dificultades y compromete el pronóstico.

b) La víctima pasiva es más común. Son niños inseguros que se muestran poco y que sufren calladamente el ataque del agresor. Su comportamiento, para el agresor, es un signo de inseguridad y temor al no responder al ataque.

Las consecuencias del *bullying* para la víctima pueden desembocar en fracaso escolar, niveles altos y continuos de ansiedad, especialmente ansiedad anticipatoria, insatisfacción, fobia escolar, riesgos físicos y psicológicos y, en definitiva, conformación de una personalidad insegura e insana para el desarrollo correcto e integral de la persona (Olweus, 1993).

Las dificultades de la víctima para salir de la situación por sus propios medios le provocan efectos claramente negativos, como el descenso de la autoestima, estados de ansiedad e incluso cuadros depresivos, con la consiguiente imposibilidad de integración social y académica. Si la victimización se prolonga, pueden surgir manifestaciones de síntomas clínicos que se enmarcan en cuadros más complejos, tales como depresión y otros, los que suelen aparecer como comórbidos del SDA/H.

Dentro de la situación de *bullying,* de la que el niño agredido participa activa o pasivamente, también es necesario destacar la complicidad como agresores pasivos de la mayoría de los compañeros del curso, que son testigos de la situación pero que no la denuncian ni intervienen para controlarla o para defender al niño agredido. Probablemente, la causa sea temor a ser ellos mismos agredidos o rechazados si lo intentan.

Esta situación, que ocurre muchas veces oculta a la mirada del profesor y de los padres, ya que el niño prefiere guardar silencio para no provocar mayor rechazo, ha dado origen al surgimiento de una categoría de niños y niñas denominados coloquialmente por sus compañeros como *"recha"*. La situación de niño o niña *"recha"* está siendo motivo de consulta psicológica bastante frecuente en el último tiempo.

3. El maltrato dentro de contextos familiares disfuncionales

Tal como se ha mostrado anteriormente, los niños SDA/H son especialmente vulnerables al maltrato, ya sea físico o psicológico, tanto por parte de adultos como de compañeros.

De acuerdo a J. Barudy (1998), el maltrato infantil es un drama que refleja el fracaso de toda la humanidad. El bienestar de un niño no es un problema personal e individual, sino que es un proceso que lo trasciende y que compromete a toda la comunidad. Barudy no define el maltrato a partir de variables tales como su frecuencia, su intensidad o su intencionalidad, sino a partir del daño y el sufrimiento producidos por agresiones activas o necesidades infantiles no satisfechas. De acuerdo a este criterio, el maltrato puede clasificarse como sigue:

Maltrato	Activo	Pasivo
Visible	Golpes, abuso sexual	Negligencia
Invisible	Maltrato psicológico	Abandono

(Barudy, J., 1998, pág. 36).

En el caso de la violencia ejercida en niños SDA/H conviene rescatar especialmente el concepto de *maltrato psicológico* como el más prevalente. Este tipo corresponde a un maltrato activo invisible, pero no por ello menos devastador para la psiquis infantil de lo que es el maltrato visible. En este caso, el niño es agredido a través de palabras que lo humillan, lo denigran o lo rechazan. El daño psicológico en esta situación sería proporcional a su invisibilidad, porque es difícil que la víctima se reconozca (o sea reconocida) como tal y, por otra parte, la ausencia de huellas físicas impide que el daño sea detectado por los otros.

4. Estilo cognitivo y conductas agresivas

Otra forma de aproximación a las conductas agresivas en los niños es el análisis de esas conductas a partir del modelo conductual cognitivo.

Dentro del importante cuerpo de investigaciones destinadas a explicar la conducta agresiva en los niños y adolescentes (y la agresión en general), actualmente se atribuye un papel esencial a los procesos cognitivos en la manifestación de estas conductas. La conducta agresiva no sería necesariamente una respuesta directa a eventos situacionales, sino a una elaboración cognitiva de tales eventos, de manera que la atención del educador debe dirigirse a la forma en que el niño interpreta esa situación. Al considerar el tema desde esta perspectiva, algunos procesos cognitivos estarían en relación directa con la conducta agresiva (Petermann, 1994).

Los niños agresivos, especialmente si se presenta SDA/H, dispondrían de pocas soluciones alternativas para los conflictos interpersonales. Las formas de conducta que les son más propias pueden sintetizarse como sigue:

- Tienden a concentrarse en los objetivos, más que en los medios para alcanzarlos (típica *visión de túnel* del preescolar con SDA/H). La visión de túnel se refiere a su tendencia a ver sólo lo que desea alcanzar, pasando por alto los obstáculos que se interponen entre él y el objeto. Se explica así que si quiere tomar el lápiz que está sobre el pupitre de su compañero que está sentado adelante, le pegue en la cabeza al tratar de tomarlo. La acción de pegarle o pasar a llevar a su compañero es claramente involuntaria, pero es difícil que sea comprendida así por el afectado.
- Disponen de pocas soluciones alternativas para los problemas interpersonales.
- Les cuesta evaluar las consecuencias de sus actos.

- Recuerdan en forma poco precisa la conducta de los otros, o reparan poco en ella.
- Les cuesta captar claves situacionales anunciadoras del conflicto.

Teniendo en consideración estas formas de captar la realidad de los niños SDA/H y agresivos, se proponen algunas estrategias para ayudarlos a mejorar la calidad de sus relaciones con pares.

En primer lugar, es conveniente tomar la perspectiva social, es decir, desarrollar la capacidad de situarse en el lugar del otro. Esto suele ser muy difícil, especialmente en los más pequeños, cuya capacidad de *descentración* es muy limitada. Es frecuente que un niño pequeño le pegue al otro y lo observe mientras llora sin mostrar ninguna reacción de empatía o culpa. En este sentido, hay que considerar también el nivel de desarrollo moral, muy dependiente de las normas y límites que ponen los mayores, sin una internalización de estas normas por parte del pequeño.

No obstante la clásica dificultad del niño para ponerse en el lugar del otro, se debe intentar modificar sus hábitos de percepción mediante una observación diferenciada de sí mismo y de los otros.

En segundo lugar, conviene trabajar juego de roles, de manera que pueda experimentar la posibilidad de nuevas soluciones para manejar sus conflictos interpersonales. Se supone que en el rol puede actuar en forma más libre de como lo haría cuando está en la emoción del momento real en que se produce el conflicto.

En tercer lugar, se recomienda reforzar los potenciales de inhibición, haciendo que escuche y comprenda las razones de la posible víctima de su agresión.

De la misma manera como se trabajaba en tareas de autorregulación en la resolución de problemas, se le propone al niño, solo o dentro del grupo de juego de roles, evaluar las consecuencias de los nuevos comportamientos, imaginar escenarios posibles, analizar las dificultades que visualiza al llevar a la vida cotidiana los comportamientos que ha ensayado y analizado, etc.

Finalmente, desde este modelo se propone presentar a los niños formas positivas de conducta, elegidas de tal manera que constituyan claves para orientarlo. Particularmente útiles son las formas de conducta que antagonizan con las intenciones agresivas: la compasión por la posible víctima es incompatible con la intención de agredirla; la intención de un niño SDA/H y agresivo de jugar con sus compañeros es incompatible con el deseo de dominar en todos los juegos o de no respetar las reglas; el uso de la agresión resultará incompatible con una forma más eficiente de solucionar el problema.

Los niños con SDA/H son frecuentemente rechazados por sus compañeros (y eso les afecta muchísimo en su autoestima y en su desempeño social) no solamente por sus eventuales conductas agresivas, sino también por su falta de competencia social, por su deficiente autocontrol y, en ocasiones, por presentar retraimiento, el que también puede deberse al rechazo de sus pares. Con esto se completa el círculo de autoperpetuación de comportamientos agresivos, o considerados como tales por los otros.

XI. Conclusiones

El síndrome de déficit atencional, con o sin hiperactividad, es una condición que afecta a un segmento importante de población infantil, así como a un significativo número de adultos, lo cual tiene gran incidencia en su desarrollo vital, tanto desde el punto de vista del rendimiento escolar/académico/profesional como en las relaciones sociales.

Para el manejo de esta condición existen diferentes alternativas de tratamiento, las cuales ayudan a compensar las dificultades que enfrentan los niños y adultos.

El déficit atencional es un cuadro que suele incrementar los riesgos de patologías derivadas, pero no los gatilla en sí mismo. La atención oportuna y multidisciplinaria puede mejorar significativamente el pronóstico. En consecuencia, es necesario que las familias y los propios interesados se informen adecuadamente, conozcan en qué consiste y cuáles son las alternativas de tratamiento disponible para cada caso. Al respecto, la evidencia empírica avala la importancia de la compensación activa del déficit (tratamiento psicológico, apoyo psicopedagógico, farmacológico y escolar), evitando una sobrefocalización en el déficit, ya que esto puede ser dañino para el niño o la niña.

Recientes investigaciones en el área de la neuropsicología apuntan hacia nuevas propuestas de intervención, las cuales pueden conllevar enormes beneficios para los niños. Es por esto que resulta fundamental que tanto los profesionales como los padres estén bien informados de las alternativas de tratamientos emergentes, y pendientes de los que puedan surgir a futuro, a fin de contribuir al bienestar y desarrollo emocional y cognitivo de niños y niñas que presentan este síndrome.

La adecuación del sistema escolar a las necesidades educativas de los alumnos y alumnas es un factor de gran relevancia, que posibilita tanto el logro de nuevos aprendizajes como el desarrollo psicosocial integral de éstos.

De ahí la importancia de que el sistema escolar flexibilice sus exigencias, minimizando las experiencias de fracaso, de rechazo y de exclusión que vivencien los niños con déficit atencional, evitándoles sufrimientos innecesarios cuyos efectos negativos en la personalidad y conducta pueden ser de una magnitud que no siempre es anticipada y evaluada como sería deseable por quienes definen y aplican las normativas escolares.

Por otra parte, el sistema familar debe cuidar que la mayor parte de la relación que tienen con el niño o la niña con déficit atencional permanezca fuera del área del conflicto asociado a este síndrome, para así preservar su autoconcepto contra los efectos dañinos de un exceso de críticas y retroalimentación negativa, permitiendo generar vínculos cercanos con sus padres y allegados que sean percibidos como nutritivos y gratificantes, ya que estos lazos constituyen el factor protector más importante de conductas de riesgo en la infancia.

Por consiguiente, es necesario que el contexto familiar y escolar trabajen unidos, rechazando la estigmatización de los niños, reaccionando empáticamente frente a sus dificultades y manteniendo una actitud de permanente fortalecimiento de las áreas en que demuestran tener talentos especiales.

El tener déficit atencional debe ser sólo un dato en la narrativa del niño y, por supuesto, no es el más importante.

Bibliografía

Abarca et al. (1965). *Adaptación y análisis estadísticos del Metropolitan Readiness Test, de Hildreth G. y Griffith N.* Memoria de Título, Pontificia Universidad Católica de Chile, Santiago, Chile.

Abramowitz, A. J. (1991). Behavioral interventions for the classroom: Implications for students with ADHD. *School Psychology Review,* 20(2), 220-234.

Ajuriaguerra, J. (1980). *Manual de psiquiatría infantil.* Madrid: Toray Masson.

Alcaide, S. M., Ravenna, A. E. y Guala, M. C. (1998). La mediación en la escuela: Convivir y aprender. Rosario: Homo Sapiens.

American Psychiatric Association. (1968). *DSM-II. Diagnostic and statistical manual of mental disorders.* Washington, DC: APA.

American Psychiatric Association. (1980). *DSM-III. Diagnostic and statistical manual of mental disorders.* Washington, DC: APA.

American Psychiatric Association. (1987). *DSM-III-R. Diagnostic and statistical manual of mental disorders.* Washington, DC: APA.

American Psychiatric Association. (1994). *DSM-IV. Manual diagnóstico y estadístico de trastornos mentales.* Barcelona: Masson.

Arancibia, V., Maltés, S. y Álvarez, M. I. (1990). *Test de Autoconcepto Académico.* Santiago: Ediciones Universidad Católica de Chile.

Arango, J. C. y Jiménez, M. (2000). *Factores a tener en cuenta en la evaluación del trastorno por déficit de atención con hiperactividad en niños* [En red]. Disponible en: http//psicologia.com/articulo/ar-jarang 02-2.htm.

Araya, C. (2000). Educación para la no violencia: Estudio exploratorio de una comunidad escolar. *Psykhe,* 9(2), 181-192.

Atkins, M. S. y Pelham, W. E. (1991). School-based assessment of attention deficit-hyperactivity disorder. *Journal of Learning Disabilities,* 24(4), 197-204, 255.

Avaria, M. (1998). Diagnóstico diferencial neurológico del síndrome de déficit atencional. En I. López, L. Troncoso, J. Förster y T. Mesa (Eds.), *Síndrome de déficit atencional.* Santiago: Editorial Universitaria.

Barkley, R. A. (1982). Guidelines for defining hyperactivity in children: Attention deficit disorder with hyperactivity. En B.B. Lahey y A. E. Kazdin (Eds.), *Advances in clinical psychology,* Vol. 5 (pp. 153-180). New York, NY: Plenum Press.

Barkley, R. A. (1997). *ADHD and the nature of self control.* New York, NY: Guilford Press.

Barkley, R. A. (1998). *Attention deficit hyperactivity disorders: A handbook for diagnosis and treatment.* New York, NY: Guilford Press.

Barudy, J. (1998). *El dolor invisible de la infancia.* Buenos Aires: Paidós.

Bauermeister, J. J. (1992). Factor analyses of teacher rating of attention-deficit hyperactivity and oppositional defiant symptoms in children aged four through thirteen years. *Journal of Clinical Child Psychology,* 21(1), 27-34.

Baumann, U. y Perrez, M. (1994). *Manual de psicología clínica.* Barcelona: Herder.

Beltrán, F. J y Torres, I. (2002). *Hiperactividad: Estrategias de intervención en ambientes educativos* [En red]. Disponible en: http://www.psicologiacientifica.com/

Benavente, M. A. (1999). *El déficit atencional en el contexto de la reforma educacional.* Santiago: Rumbos.

Bender, L. (1969). *Test Gestáltico Visomotor.* Buenos Aires: Paidós.

Berdicewski, O. y Milicic, N. (2002). *Prueba de Funciones Básicas* (15ª Ed.). Santiago: Editorial Universitaria.

Berges, J. y Lézine, I. (1963). *Test d'imitation des gestes.* París: Masson.

Berghoff, B. (1993). Moving toward aesthetic literacy in the first grade. En D. Leu y C. Kinzer (Eds.), *Examining issues in literacy research central theory, and practice* (pp.217-226). Chicago: National Reading Conference.

Biederman, J., Faraone, S., Keenan, K., Knee, D. y Tsuang, M. T. (1990). Family-genetic and psychosocial risk factors in DSM-III attention deficit disorder. *Journal of the American Academy of Child and Adolescent Psychiatry,* 29(4), 526-533.

Bierderman, J., Faraone, S., Mick, E., Spencer, T., Wilens, T., Kiely, K., Guite, J., Ablon, J. S., Reed, E. y Warburton, R. (1995). High risk for attention deficit hyperactivity disorder among children of parentsm with childhood onset of the disorder: A pilot study. *American Journal of Psychiatry,* 152(3), 431-435.

Bornas, X., Servera, M. y Montaño, J. C. (1998). La medición de la impulsividad en preescolares: Análisis psicométrico de la Escala KRISP. *Psicothema,* 10(3), 597-608.

Bucher, H. (1970). *Troubles psycho-moteurs chez l'enfant: Pratique de la rééducation psycho-motrice.* París: Masson.

Buela-Casal, G., Carretero-Dios, H. y De los Santos-Roig, M. (2002). *El niño impulsivo. Estrategias de evaluación, tratamiento y prevención.* Madrid: Ediciones Pirámide.

Cabanyes, J. y Polaino-Lorente, A. (1997). Bases biológicas y evaluación neurofisiológica del trastorno por déficit de atención con hiperactividad. En A. Polaino-Lorente (Ed.), *Manual de hiperactividad infantil.* Madrid: Unión Editorial.

Cairns, E. y Cammock, T. (1978). Development of a more reliable version of the Matching Familiar Figures Test. *Developmental Psychology,* 14(5), 555-560.

Carey, W. (1997). *Understanding your child's temperament.* New York: Basic Books.

Carrasco, E. (2003). Decálogo sobre lo mínimo que debe saber un terapeuta familiar para trabajar con niños. *De Familias y Terapias,* 11(17), 13-19.

Céspedes, A. (s/f). *Síndrome del déficit atencional: Mitos y realidades.* Santiago: Sociedad de Capacitación Laboral Santiago de Chile.

Céspedes, A. (2003, Febrero 9). El debate que generan los niños llamados "índigos". *El Mercurio.*

Céspedes, A. (2003). Consideraciones generales para la integración en la escuela común de niños con dificultades afectivo-conductuales. En G. Lucchini (Ed.), *Niños con necesidades educativas especiales* (pp. 181-192). Santiago: Ediciones Universidad Católica de Chile.

Chadwick, M. (2003). Consideraciones especiales para apoyar a los niños con problemas específicos de aprendizaje. En G. Lucchini (Ed.), *Niños con necesidades educativas especiales* (pp. 111-136). Santiago: Ediciones Universidad Católica de Chile.

Children and Adults with Attention-Deficit/Hyperactivity Disorder (2000). Manejo médico de los niños y adultos con el TDA/H-H. *Hoja de datos N° 3* [En red]. Disponible en: http://www.chadd.org/fs/sfs3.pdf

234   DÉFICIT ATENCIONAL

Colombo, M. (1998). Bases neuroquímicas en el síndrome de déficit atencional. En I. López, L. Troncoso, J. Förster y T. Mesa (Eds.), *Síndrome de déficit atencional*. Santiago: Editorial Universitaria.

Comings, D. (1990). *Tourette sindrome and human behavior*. England: Hope Press.

Conners, C. K. (1969). A teacher rating scale for use in drugs studies with children. *American Journal of Psychiatry*, 126, 884-888.

Cortés, F. (1998). Bases genéticas en el síndrome de déficit atencional. En I. López, L. Troncoso, J. Förster y T. Mesa (Eds.), *Síndrome de déficit atencional*. Santiago: Editorial Universitaria.

Cowdry, R. (1999). National Alliance for the Mentally Ill (NAMI). Colonial Place Three, 2107 Wilson Blvd., Suite 300, Arlington, VA 22201.

Doleys, D. M. (1976). Distractibility and distracting stimuli: Inconsistent and contradictory results. *Psychological Record*, 26, 279-287.

Douglas, V. (1989). Cognitive deficits in children with attention déficit disorder with hyperactivity. *Journal of Child Psychology and Psychiatry*, 30.

Drake, D. M. (1970). Perceptual correlates of impulsive and reflective behaviors. *Developmental Psychology*, 2, 202 -214.

Faraone, S., Biederman, J., Chen, W. J., Krifcher, B., Keenan, K., Moore, C. et al. (1992). Segregation analysis of attention deficit hyperactivity disorder. Evidence for single gene transmission. *Psychiatry Genetics*, 2, 257-275.

Farwick, R., Hester, J. y Teale, W. (2002). Where do you want to go today? Inquiry-based learning and technology integration. *The Reading Teacher*, 55(7), 616-625.

Feingold, B. F. (1975). Hyperkinesis and learning disabilities linked to artificial food flavors and colors. *American Journal of Nursing*, 75, 797-803.

Fernández, F. y Campos, A. (1998). Trastorno primario de la vigilancia. Aspectos neurológicos y psicológicos. En I. López, L. Troncoso, J. Förster y T. Mesa (Eds.), *Síndrome de déficit atencional*. Santiago: Editorial Universitaria.

Fish, M. y Jain, S. (1983). A system approach in working with learning disabled children: Implication for the school. *Journal of Learning Disabilities*, 18(10).

Förster, J. (1998). Psicoestimulantes y síndrome de déficit atencional. En I. López, L. Troncoso, J. Förster y T. Mesa (Eds.), *Síndrome de déficit atencional.* Santiago: Editorial Universitaria.

Förster, J. y Fernández, F. (2003). Síndrome de déficit atencional desde la perspectiva neurológica. *Boletín de la Sociedad de Psiquiatría y Neurología de la Infancia y de la Adolescencia,* N° 14, 52-56.

Frith, U. (1991). *Autism and asperger syndrome.* Cambridge: Cambridge University Press.

Frostig, M. y Maslow, P. (1973). *Learning problems in the classroom.* New York: Grune & Stratton.

García-Pérez, E. M. y Magaz-Lago, A. (2000). *Escala Magallanes de Atención Visual,* EMAV. Cruces-Barakaldo: Grupo Albor-Cohs.

Gardner, H. (1993). *Estructura de la mente.* Madrid: Fondo de Cultura Económica.

Gargallo, B. (1993). *PIAAR: Programa de intervención educativa para aumentar la atención y la reflexividad.* Madrid: TEA Ediciones.

Gazmuri, V. y Milicic, N. (2004). *Psicoterapia de grupo en la infancia.* Trabajo presentado en el Taller Psicoterapia de Grupo Infantil. Enero 2004.

Gittelman, R., Mannuzza, S., Shenker, R. y Bonagura, N. (1985). Hyperactive boys almost grown up. *Archives of General Psychiatry,* 42, 937-947.

Goodenough, F. L. (1951). *Test de inteligencia infantil.* Buenos Aires: Paidós.

Gorostegui, M. E. (1992). *Adaptación y construcción de normas para Chile de la Escala de Autoconcepto para Niños de Piers-Harris.* Tesis para optar al título de Psicólogo, Universidad Católica de Chile, Santiago, Chile.

Gorostegui, M. E. (1997). Síndrome de déficit atencional con hiperactividad: Estilo cognitivo y rendimiento escolar (un enfoque sistémico-ecológico). *Psykhe,* 6(2), 63-70.

Gorostegui, M. E. (1998). ¿Cómo aprende el niño con déficit atencional? Estilo cognitivo y rendimiento escolar. En I. López, L. Troncoso, J. Förster y T. Mesa (Eds.), *Síndrome de déficit atencional.* Santiago: Editorial Universitaria.

Grattan, L. M. y Elsinger, P. J. (1990). Higher cognition and social behavior: Cognitive flexibility and empathy after brain injury. *Neuropsychology,* 3, 175-185.

Grau, A. (2001). *Psiquiatría y psicología de la infancia y adolescencia*. Buenos Aires: Editorial Médica Panamericana.

Haeussler, I. M. (2003). Orientaciones para el apoyo de niños con déficit atencional. En G. Lucchini (Ed.), *Niños con necesidades educativas especiales* (pp. 93-102). Santiago: Ediciones Universidad Católica de Chile.

Haeussler, I. M. y Milicic, N. (1995). *Confiar en uno mismo. Programa de autoestima*. Santiago: Ediciones Dolmen.

Hallowell, E. M. y Ratey, J. J. (1995). *Driven to distraction*. New York: Simon & Schuster.

Harris, T. y Hodges, R. (Eds.). (1995). *The literacy dictionary: The vocabulary of reading and writing*. Newark, Delaware: International Reading Association.

Hay, L. (1997). Investigating the influence of achivement on self concept and interclass design, and comparison of the pass an SDDQ Self Concept Test. *British Journal of Educational Psychology, 67*, 311-321.

Hechtman, L. (2000). Assessment and diagnosis of attention-deficit/hyperactivity disorder. *Child and Adolescent Psyquiatric Clinics of North America, 9*(3), 481-495.

Heimer, C. (1997). *Should Ritalin be used to treat ADD?* Evanstone: North Western University.

Hopkins, J., Perlman, T., Hechtman, L. y Weiss, G. (1979). Cognitive style in adults originally diagnosed as hyperactives. *Journal of Child Psychology and Psychiatry, 20*, 209-216.

Hynd, G., Hern, K., Voeller, K. y Marshall, R. (1991). Neurobiological basic of attention deficit hyperactivity disorder (ADHD). *School Psychology Review, 20*, 174-186.

Jongsma, A., Peterson, M. y McInnis, W. (2000). *The child psychotherapy treatment planner*. USA: Wiley.

Karp, S. A. y Konstandt, N. L. (1963). *Children's Embedded Figures Test*. New York: Cognitive Test.

Keith, X. (1998). Déficit atencional. Consideraciones diagnósticas psiquiátricas. En I. López, L. Troncoso, J. Förster y T. Mesa (Eds.), *Síndrome de déficit atencional*. Santiago: Editorial Universitaria.

Kendall, P. C. y Braswell, L. (1985). *Cognitive-behavioral therapy for impulsive children.* New York: Guilford Press.

Kephart, N. (1960). *El alumno retrasado.* Barcelona: Luis Miracle.

Kernberg, P. (1980). Disfunción cerebral mínima. En Fondo de las Naciones Unidas para la Infancia UNICEF (Ed), *El niño con dificultades para aprender.* Santiago: Galdoc.

Koppitz, E. M. (1974). *El Test Gestáltico Visomotor para niños.* Buenos Aires: Guadalupe.

Krumboltz, J. y Krumboltz, H. (1972). *Changing children's behavior.* New Jersey: Prentice-Hall.

Lahey, B. B., Schaughency, E. A., Frame, C. L. y Strauss, C. C. (1985). Teacher ratings of attention problems in children experimentally classified as exhibiting attention deficit disorder with and without hyperactivity. *Journal of the American Academy of Child Psychiatry,* 24(5), 613-616.

Laufer, M. y Denhoff, E. (1957). Hyperkinetic behavior syndrome in children. *Journal of Pediatrics,* 50, 463-474.

Lebovici, S., Diatkine, R. y Soule, M. (1998). *Tratado de psiquiatría del niño y del adolescente.* Madrid: Biblioteca Nueva.

Leung, P. y Connolly, K. J. (1996). Distractibility in hyperactive and conduct-disordered children. *Journal of Child Psychology and Psychiatry,* 37, 305-311.

Lewis, R. y Doorlag, D. (1983). *Teaching special students in the mainstream.* Columbus, Ohio: Merrill.

Lolas, F. (Comp.). (1991). Agresividad, agresión y violencia. En *Agresividad y violencia.* Buenos Aires: Losada.

Lopera, F. (1994). Anamnesis en el trastorno de atención con hiperactividad. *Acta Neurológica Colombiana,* 10(3).

López-Yarto, L. (1997). *Dinámica de grupos: Cincuenta años después.* Bilbao: Desclée De Brouwer.

Marchant, T. y Haeussler, I. M. (2002). *Tepsi, Test de Desarrollo Psicomotor, 2-5 años.* Santiago: Ediciones Universidad Católica de Chile.

Margalit, M. y Caspi, M. (1985). A change in teacher-child interaction through paradoxical intervention. *Journal of Exceptional Child,* 32(1), 41-45.

McCormick, M. C., Gortmaker, S. L. y Sobol, A. M. (1990). Very low birth weight children: Behavior problems and school dificulties in a national sample. *Journal of Pediatry*, 117, 687-693.

Milicic, N. (1998). Intervenciones psicológicas en familia. En I. López, L. Troncoso, J. Förster y T. Mesa (Eds.), *Síndrome de déficit atencional*. Santiago: Editorial Universitaria.

Milicic, N. (2003). *Autoestima y rendimiento escolar*. Trabajo presentado en el Seminario realizado en el Centro de Extensión de la Pontificia Universidad Católica de Chile, Santiago, Chile.

Ministerio de Salud de Chile. (1997). *Salud mental en la escuela para prevención, detección y manejo*. Santiago: Publicaciones de Salud mental.

Miranda, A., Jarque, S. y Soriano, M. (2000). Trastorno de hiperactividad con déficit de atención: Polémicas actuales acerca de su definición, epidemiología, bases etiológicas y aproximaciones a la intervención. *Revista de Neurología*, 28, Suplemento N° 2, S182-S188.

Miranda, A. y Santamaría, M. (1986). *Hiperactividad y dificultades de aprendizaje: Análisis y técnicas de recuperación*. Valencia: Promolibro.

Morales, A. (2003, Febrero 9). El debate que generan los niños llamados "índigos". *El Mercurio*.

Moreno, G. I. (1995). *Hiperactividad, prevención, evaluación y tratamiento en la infancia*. Madrid: Ediciones Pirámide.

Moyano, J. M. (Comp.). (2004). ADHD *¿Enfermos o singulares?* Buenos Aires: Lumen Humanitas.

MTA Cooperative Group. (1999). A 14 months randomized clinical trial of treatment strategies for attention deficit/hyperactivity disorder. *Archives of General Psychiatry*, 56, 1088-1096.

Olweus, D. (1979). Stability of aggressive reaction patterns in male: A review. *Psychological Bulletin*, 86, 852-875.

Olweus, D. (1993). *Bullying at school: What we know and what we can do*. Oxford: Blackwell.

Organización Mundial de la Salud. (1992). *CIE-10. Trastornos mentales y del comportamiento. Descripciones clínicas y pautas para el diagnóstico*. Madrid: Mediator.

Organización Panamericana de la Salud. (1978). *CIE-IX. Clasificación internacional de enfermedades*. Washington, DC: O. P. S.

Orjales, I. (2001). *Déficit de atención con hiperactividad. Manual para padres y educadores.* Madrid: Ciencias de la Educación Preescolar y Especial (CEPE).

Pelham, W. E., Gnagy, E. M., Greenslade, K. E. y Milich, R. (1992). Teacher ratings of DSM-III-R symptoms for the disruptive behavior disorders. *Journal of the American Academy of Child and Adolescent Psychiatry,* 31(2), 210-218.

Peschel, E., Peschel, R., Howe, C. y Howe, J. (Eds.). (1992). Neurobiological Disorders in Children and Adolescents. En *New Directions for Mental Health Services,* N°54. San Francisco: Jossey-Bass Publishers.

Petermann, F. (1994). Trastornos de la conducta y del desarrollo en niños y adolescentes: Intervención. En U. Baumann y M. Perrez, *Manual de Psicología Clínica.* Barcelona: Editorial Herder.

Pineda, D. et al. (1999). Uso de un cuestionario breve para el diagnóstico de deficiencia atencional. *Revista de Neurología,* 28(4), 365-372.

Pinto, F. (1998). Diagnóstico clínico del síndrome de déficit atencional (S.P.A.). En I. López, L. Troncoso, J. Förster y T. Mesa (Eds.), *Síndrome de déficit atencional.* Santiago: Editorial Universitaria.

Polaino-Lorente, A. y Ávila, C. (2000). *Cómo vivir con un niño hiperactivo.* Madrid: Narcea S. A. Ediciones.

Prinze, R. J., Connor, P. A. y Wilson, C. C. (1981). Hyperactive and aggressive behaviors in childhood: Interwiner dimensions. *Journal of Abnormal Psychology,* 9, 191.

Quintana, T. (2000). *Contribuciones a la clarificación del diagnóstico diferencial entre trastorno por déficit atencional con hiperactividad y temperamento difícil en escolares entre 6 y 9 años.* Tesis de Magíster mención en Psicología Clínica Infanto-Juvenil, Facultad de Ciencias Sociales, Universidad de Chile, Santiago, Chile.

Reynell, J. K. (1969). *Reynell Developmental Language Scales.* England: NFER.

Rief, S. (2002). *Cómo tratar y enseñar al niño con problemas de atención e hiperactividad.* Buenos Aires: Paidós.

Roitzblatt, A., Bustamante, F. y Bacigalupo, F. (2003) Trastorno por déficit atencional con hiperactividad en adultos. *Revista Médica Chile,* 131, 1195-1201.

Rojas, V. y Saavedra, J. (2002). *Aplicación del Test de Figuras Escondidas para adolescentes y adultos.* Documento de trabajo, Escuela de Educación, Pontificia Universidad Católica de Chile.

Russell, A. B. (1993). The assesment of attention in children. En G. Reid Lyon (Ed.), *Frames of reference for the assessment of learning disabilities.* Baltimore: Paul Brookes Publishing.

Rutter, M. (1977). Brain damage syndromes in childhood: Concepts and findings. *Journal of Children Psychology and Psychiatry,* 18, 1-21.

Sagasti, B. y Boehme, V. (2003). Trastornos por déficit de atención desde la perspectiva psiquiátrica. *Boletín de la Sociedad de Psiquiatría y Neurología de la Infancia y Adolescencia,* Año 14, 56-60.

Santostefano, S. y Paley, E. (1964). Development of cognitive controls in children. *Child Development,* 35, 939-949.

Santucci, H. y Galifret-Granjon, N. (1963). Prueba gráfica de organización perceptiva. En R. Zazzo (Ed.), *Manual para el examen psicológico del niño.* Buenos Aires: Kappelusz.

Scandar, R. (2000). *El niño que no podía dejar de portarse mal.* Buenos Aires: Distal S.R.L.

Schachar, R. y Logan, G. (1990). Are hyperactive children deficient in attentional capacity?. *Journal of Abnormal Child Psychology,* 18(5), 180-189.

Schachar, R., Sandberg, S. y Rutter, M. (1986). Agreement between teachers' ratings and observations of hyperactivity, inattentiveness, and defiance. *Journal of Abnormal Child Psychology,* 14, 331-345.

Schmidt, P. y Pailliotet, A. W. (2001). *Exploring values through literature, multimedia, and literacy events.* Newark, Delaware: International Reading Association.

Serrano, I. (2000). *Agresividad infantil.* Madrid: Pirámide.

Sowell, E., Thompson, P., Welcome, S., Henkenius, A., Toga, A. y Peterson, B. (2003). *Cortical abnormalities in children and adolescents with attention-deficit hyperactivity disorder* [En red]. Disponible en: www.thelancet.com

Stamback, M. (1973). *La escritura en el niño.* Barcelona: Editorial Laia.

Still, G. F. (1902). Some abnormal psychical conditions in children. *Lancet,* 1, 1008-12.

Szatmari, P., Offord, D. y Boyle, M. H. (1989). Ontario child health study: Prevalence of attention deficit disorders with hyperactivity. *Journal of Child Psychology and Psychiatry,* 30, 219-230.

Taylor, E. A. (1991). *El niño hiperactivo.* Barcelona: Editorial Martínez Roca.

Taylor, E. A. (1998). *El niño hiperactivo. Una guía esencial para los padres.* Madrid: Editorial Edaf.

Tefft, P. T., Dembrow, M. P. y Molldrem-Shamel, J. (1997). Thinking about teaching through inquire. *The Reading Teacher,* 51(2), 162-164.

Thomas, A. y Chess, S. (1982). The reality of difficult temperament. *Merril-Palmer Quarterly,* 28, 1-19.

Toyber, S. (2002). *Los niños índigo.* Artículo publicado en Prensa veracruzana, Ciudad de México.

Tschann, J., Kaiser, P., Chesney, M., Alkon, A. y Boyce, W. (1996). Resilience and vulnerability among preschool children: Family functioning, temperament and behavior problems. *Journal of the American Academy of Child and Adolescent Psychiatry,* 33(2), 184-192.

Tymms, P. y Preedy, P. (1998). The attaiment and progress of twins at the start of school. *Educational Research,* 40(2), 243-249.

Valdivieso, A. y Céspedes, A. (1980). *Análisis retrospectivo de doscientos niños con diagnóstico de disfunción cerebral mínima* (Documento de trabajo). Trabajo presentado al Servicio de Neurología y Psiquiatría del Hospital Luis Calvo Mackenna, Santiago, Chile.

Valett, R. E. (1984) *Niños hiperactivos, guía para la familia y la escuela.* Madrid: Cincel-Kapelusz.

Van der Meere, J., Shalev, R., Börger, N. y Gross-Tsur, V. (1995). Sustained attention, activation and MPH in ADHD: A research note. *Journal Child Psychology and Psychiatry,* 36(4), 697-703.

Wechsler, D. (1994). *Escala de Inteligencia de Wechsler para niños abreviada.* Madrid: TEA Ediciones.

Weiss, G., Hechtman, L., Milroy, T. y Perlman, T. (1985). Psychiatric status of hyperactive as adults: A controlled prospective 15-year follow up study of 63 hyperactive children. *Journal of the American Academy of Child Psychiatry,* 24, 211-220.

Weiss, Lynn. (1996). *Give your add teen a chance: A guide for parents of teenagers with attention deficit disorder.* Colorado Springs, CO: Pinon Press.

Wilens, T. C., Faraone, S. V., Biederman, J. y Gunawardene, S. (2003). Does stimulant therapy of attention-deficit/hyperactivity disorder beget later substance abuse? A meta-analytic review of the literature. *Pediatrics,* 111(1), 179-185.

Wing, L. (1991). The relationship between Asperger's syndrome and Kanner's autism. En U. Frith (Ed.), *Autism and asperger syndrome.* Cambridge: Cambridge University Press.

Witt, J., Elliot, S. y Gresham, F. (1988). *Handbood of behavior therapy in education.* New York: Plenum Press.

Yasutake, D. y Bryan, T. (1995). The influence of affect on the achievement and behavior of student with learning disabilities. *Journal of Learning Disabilities,* 28(6), 329-334.

Yudelevich, E. (2003). Decálogo sobre familia con uno o más miembros afectados por el síndrome de déficit de atención, ya sea con o sin hiperactividad. *De familias y Terapias,* 11(17), 25-26.

Índice de autores

A

B

Olweus, D., 223, 224
Organización Mundial de la Salud, 16, 34
Orjales, I., 35, 37-38, 65, 105, 145

P

Pailliotet, A. W., 169-170
Paley, E., 60
Pelham, W., 25, 45, 68, 69
Perlman, T., 36, 197-198
Perrez, M., 142-143, 155-156, 157-158
Peschel, E., 104
Peschel, R., 104
Petermann, F., 226
Peterson, M., 19-20, 153
Piers-Harris (escala de autoconcepto para niños de), 54-55
Pineda, D., 35
Pinto, F., 22-23, 36, 53, 61-62
Polaino-Lorente, A., 59, 73-74, 120-121, 182-183
Preedy, P., 35
Prinze, R., 105

Q

Quintana, T., 97-98

R

Ratey, J., 92, 162, 174, 175-179, 203-204, 206-211
Ravenna, A. E., 219
Reynell (escalas de desarrollo del lenguaje de), 51
Rief, S., 151-152
Roitzblatt, A., 212, 213
Rojas, V., 59-60
Russell, A. B., 18, 133-136
Rutter, M., 34-35, 68

Índice

254   Déficit Atencional